Zulema Moret

La mujer de la piedra

[Poesía reunida]

artepoética press

Nueva york, 2014

Title: La mujer de la piedra [poesía reunida]
ISBN-10: 1940075149
ISBN-13: 978-1-940075-14-3

Design: © Ana Paola González
Cover & Image: © Jhon Aguasaco
Author's photo by: © Luis Fonseca
Editor in chief: Carlos Aguasaco
E-mail: carlos@artepoetica.com
Mail: 38-38 215 Place, Bayside, NY 11361, USA.

© La mujer de la piedra -poesía reunida-, 2014 Zulema Moret
© La mujer de la piedra -poesía reunida-, 2014 for this edition Artepoética Press

Índice

A mis amigos poetas
A mis gatos
A los poetas vivos y muertos
cuyas palabras iluminaron las mías
A los dones y a la Gracia
A algunas ciudades

"Quizás la obra reunida sea para melancólicos, para los que insisten en un pasado recuperable. Para los que esperen detener el tiempo transcurrido y controlarlo en un largo presente"

"La *obra reunida* es un trabajo de coleccionista en la cual se acumulan ritmos y patrones de sentido. Pero, siempre queda un objeto de más no incluido en el círculo cerrado. Por lo tanto, queda un deseo"

"¿(…) Será que la obra reunida nos ofrece una manera de detener el fluir del tiempo?"

Francine Masiello
"Obrar y reunir"

APENAS ÉPICA

La serie de poemas o los poemas en serie surgen de un caminar, de un aliento largo, que luego se corta, se interrumpe, se siega de acuerdo al aire, a la respiración y al caminar del verso, a su ahogo y a su interrupción.

Estos poemas en serie podrían leerse como un único poema largo, pero he elegido jugar con el corte/ con lo que es silencio y también darle permiso para detenerse y atisbar cómo continuar, dónde volver a detenerse y descansar.

Distintos momentos de la vida, circunstancias, materia prima del trabajo poético, diálogo con otros poemas que quedan impresos en la memoria, con otras lecturas. Algo así como ir caminando la vida con sus series, siempre incompletas, siempre entre silencios.

Reunir lo disperso. Fueron publicadas estas series en revistas de poesía, en antologías variadas y perecederas. La serie en sí constituye una épica del sujeto, de allí la denominación de "Apenas épica", apenas vida, apenas acontecimiento, batalla, hechura, hazaña, ceguera y a veces, deslumbramiento.

Corresponden a una extensa etapa de mi vida entre Barcelona y los talleres de escritura, entre publicaciones grupales y autogestionarias, entre actos solidarios de orilla a orilla, entre palabras y lenguas diversas. En una última etapa corresponden a imprevistos deslumbramientos. Algo cercano a lo que reúne y permite leerse con continuidad en el presente.

ACTOS COTIDIANOS

A la casa de Garín

No olvidés cambiar la ropa de verano por la de invierno
y repetir incesantemente mientras vivas este acontecer.

Sé amable y regalá lo que ya no usés – sobre todo –
si tus medidas han cambiado

No olvidés los antipolillas
¿Eran clavos de olor o granos de café?

Clasificá la ropa en clases y grupos y
guardála en cajones, cajas, bolsas

No dejés para último momento el lavado
que requiere cada prenda

Sé amable y conservá lo mínimo y necesario
hay tanta gente que no tiene nada

Si regalás algo procurá que no esté ni roto ni sucio
sólo vos podés realizar estos actos cotidianos
en cada estación
cuando las hojas caigan o crezcan.

Si lográs ver los árboles
si aún quedan árboles en la ciudad

Procurá mantener el alma limpia
los ojos transparentes los oídos alerta

A los pocos pájaros que intentan cantar
acosados por el soborno de los transportes.

El cielo algo te anunciará
durante los amaneceres
en que nadie se asoma
a la hora en que la mañana
luce intacta.

Prestá atención a tu gato
él sí sabe de tormentas

La noche ofrece sus misterios
sus misterios ofrece
ofrece sus misterios la noche.

¿Has olvidado lo que te decían
al tender la ropa a la luz de la luna
o al extender las sábanas
sobre el césped húmedo de rocío?

¿Había peligros entonces
en esos actos cotidianos?

El campo temblaba a la hora
en que las comadrejas
sacudían los techos de la casa.

Un viejo con mirada de agenda y postal
dibujaba con gastado lápiz las fieras.

Olían las naranjas a quemado
al borde del fuego las naranjas olían
a quemado…

Y la noche se extendía toda
¿Quién es el dinosaurio?, preguntabas.

Palabra a leche primeriza
a caldero, a radio y a fogata
un hombre se aleja en la valija
una mujer permanece intacta entre boleros

vos deletreabas sola
el abismo de los libros.

La noche
como un tigre ardiente
lo devoraba todo.

DE LA INFANCIA 1

La rayuela
es sólo un truco de la infancia
un vacilón
un trago suave del recuerdo
que si hasta el cielo
o el infierno
piedra no puente aún
ni clave del enigma.

Piedra serpenteante
hacia el vacío
que el cielo o el infierno en la desdicha.

Estación intermedia
bajo algún cielo de domingo
reclamas
inocente la promesa
la piedra que fue ruta
o anticipo
crueldad vertida en el sigilo
puro infierno
del pan de cada día.

DE LA INFANCIA 2

Cazando mariposas
        con redes de ramas
un molinete de madera es
la frontera
entre el juego y la vida.

Cruza, niña
detrás de la tranquera
la libertad acecha
entre tus manos
cazando
mariposas fugitivas.

DE LA INFANCIA 3

A mi madre.

El piano trae recuerdos
de una tarde en el banco
de la infancia
las manos de la madre
deslizan interludios
la penumbra arrastra el silencio
y rompe las aristas de la siesta
un presentimiento irrumpe en la sala
la araña vaticina destinos quebradizos
tú y la palabra
los días de la oruga en el tejido
tardía mariposa
los dedos traman la distancia
en un Nocturno
una foto registra tu perfil
al lado de ella.

DE LA INFANCIA 4

Saltas a la cuerda
de la tarde
enciendes remolinos de puntillas
se arquean los pies
frágil caminas

La cuerda
es el hilo de algún bosque
donde llegar
muy pronto
hacia la nada.

DE LA INFANCIA 5

A la hora de la siesta
la solapa
trepando el miedo
un dinosaurio
saltando a la cuerda
desde el fondo

El piano resguarda los silencios
es mientras tanto
la hora del sol
que se desploma
sobre el pueblo moribundo
de la infancia.

EXILIOS

Como una hierba como un niño como un pajarito nace
La poesía en estos tiempos en medio de los soberbios
Los tristes los arrepentidos
Nace.
Juan Gelman

PROPOSICIONES

Me propuso ser Antígona
yo no tenía hermano
que enterrar
no tenía hermanos de sangre
los otros desaparecidos aniquilados
habían sido arrojados a
tumbas al fondo del río
desde helicópteros la caída
en huecos sin nombre
ni bendición.

Me propuso ser Antígona
yo no tenía tierra que defender
desterrada de todo
preferí a Casandra
y me puse a escribir
estos versos
lo que habrá devenir
en el desfile del mundo
aunque nadie me crea
habrá de suceder
lo escribo.

La espera

Cangrejos en la noche
retroceden en el día de hierro
sombras boiras brisas
en la tierra del otro
    donde me siento o me marcho
o parto o me quedo
    bailo o me detengo
escuche
    me siento un ratito a la espera de
a la espera
sin de tú ni de mí
de un trazo
    invado la hoja
    me siento en una esquina
    vendo flores

en un rincón en blanco
amenaza el poema.

Promesa

Puedes prometerme una nave
   espacial
     para
     salvar
     nuestros sueños comunes.

En fosas comunes
   fueron enterrados
   mis sueños de juventud.

ACTUALIDADES

"Basta de sangre y lágrimas"
ostenta el diario matutino
en su primera página azuliblanca
la Guerra sigue
a dos horas de aquí
en avión.
Gobiernos pactan
paces temporales
ya pocos cantan
algunos deambulan por el día
del trabajo a casa
y al televisor
el fin de semana
al pueblo   a la montaña
y la Guerra sigue
a unos cuántos kilómetros
de este lugar sin memoria.

HOY ES DÍA PARA EL POEMA

Entre 1/2/3/
y 5 veces brazos
en el agua tibia
tus brazos sobre mi hombro
rodeannnndo))))))
esta fragilidad/ disfraz de violentos
combates donde la batalla
de nuestros amores
demoledora imagen

Se alza frente a mi pecho
todavía
palpitando
palpitaciones
en el 6/7/8/ última vez
el coraz
Ón para
y la circulación de la sangre
(no dejaré que chupes de la mía))))))))
la sangre densa de los años
la sangre ya seca ya.

EL CORAZÓN ES UNA BOMBA

Cómo evitar la queja
si reaparece cada tanto
en los titulares
dos generaciones desaparecidas
dicen
y los supervivientes
como tantos de nosotros, insisto
¿Vivir sobre qué? ¿Vivir bajo qué circunstancias?
'Vivir super, super bien', ¿cómo era el acento?
por encima de dos generaciones
permanecer y cada tanto retornar a
la noche en que irrumpen
rostros desconocidos en el corredor
y estalla la vida/ ¿o lo que estalla es la Muerte?
trizas los recuerdos
los recompones
echas a volar

a volar por sobre los techitos
de la patria querida
techitos con variaciones
cartografías de un pasado no pisado
aún por el olvido
(pisa pisuela naríz de ciruela
pisa pisa, y se acabó).

El corazón es una bomba solitaria
estalla
se estrella y se libera
de la cárcel en donde amor
alguna vez
estuvo.

QUERIDO PAPÁ

Hoy es domingo
mamá estará pintando
T
Ú/vos escucharás la radio
oh, el fútbol.
Los amigos lavarán el coche
sus hijas/ casi mujeres
hablarán por teléfono
buscarán rastros nuestros
en fotos del pasado
esas dos generaciones
interrumpidas
de la historia oficial.

Yo evocaré la casa única
La del sauce llorón y el
palomar rumiando la ausencia.

La hermana borrará los caminos comunes
ya no recordaremos ni los juegos ni
la infancia. El tiempo
abrupto
habrá cumplido su inevitable tarea.

Carta de la de/solación

Al principio sólo juegos
al modo de ellos
evidentes.

Juegos de toque y queda.

Juegos de dobleces de palabras.

Luego cartitas, parches
anónimos tejieron
una historia entrometida
el miedo en el borde del secreto.

Bramó la broma
y ejerció su basta.

La ternura fue alambrado, cerca al miedo.

Una mano en travesía sobre el rostro
retrasa la piel su entrega en el envío.

Una historia se tejió en ausencia
en cartas sin letras
transparentes a la luz.

ESCONDITE INGLÉS

Nunca jugué al escondite inglés
tampoco ovacioné a los ingleses
en sus invasiones isleñas.
Eso de quedarse quieta
avanzar de repente
sin que el otro te viera
y permanecer inmóvil.
La cámara lenta quieta lenta
de la vida.
Sin saber su nombre ni sus normas
jugué contigo
todo el tiempo amor
al escondite inglés
sin ingleses ni guerra ni isla
ni vencidos ni vencedores.
Inapelables las sentencias
del final
      de una costura
         de un toque
            de una partida.

EXILIOS

Y ahora hoy de noche trece de septiembre
    el gato duerme al lado mío.

Después de tres meses pasados los quince años de
    fuera de la tierra querida.
    El teléfono no llama.

Grito.
Me escondo
    sólo suena a veces
    una voz dice
    necesito quiero quisiera
    y siempre a cambio

Extravagante
afirmo me mantengo   otro idioma te obligan
    te excluyen te imponen
    y tu lengua digo.

En los bordes
ajena
insulto niego
    expiran
    promulgan
    un nuevo mandamiento.

Rechazo
me vuelvo
me retorno
nodoymás.
    Extranjera
    contra el vacío
    el balcón te abraza.

EL RETORNO

A Eduardo. (Hoy NN)

Hicimos el amor
como soles abiertos
en la noche.

¿Vamos a?
Te invito a…
Visitaremos…
Inconclusas
quedaron las propuestas.

El avión desciende
sobre la patria amada
tantas noches y días amada
al ritmo de tambores
retornan las cicatrices
bajo el antifaz dulce del río
antes de que te murieran
hicimos el amor a la luz de las últimas lunas
los gorriones de los árboles vecinos
fijaron con sus alfileres cantores
tus ojos de ternura en mi fallida memoria
han pasado veinte años y se hace difícil
abrir el cuerpo como un sol
en la soledad de esta noche
                    extranjera.

INVIERNO

La negrura invade Europa
El invierno rasga la piel
del día.
Profanos dibujan
un Cristo
en la acera.
La flauta
desangra
su canto triste.
Limosneros
mentirosos
falsos ricos
sones
desde el fondo
de la tierra.

Hacia el sur
un sauce llorón
desgrana
la primavera.

ENTRE PARÉNTESIS

Empezó a olvidar
las palabras de su infancia
—Primer síntoma —
adoptó algunas
nuevas
sin quererlo

–Segundo accidente –
Por amor, digo,
       por una suerte
       de canto agradecido
cambió la ye por elle
       el vos por tú
-Bajo moción de censura-
Los doctos de su tierra
en congreso oficial le preguntaron
por qué hablás así
con ese acento tan
por qué no hablás como
ella calló
su mestizaje traía
sin buscarlo
el silbato de un barco
el ocaso
disparos
el adiós al puerto blanquecino
el olor del café en la despedidas
y de nuevo palabras
más palabras
declinaciones
memoria
boca lengua y dientes en posición
kamasutra instalada en gutural
vocales abiertas
imposibilidad de cerrarlas
y a esta edad un goce
ciertamente perverso
de instalarse en
una zona entre paréntesis
compulsiva cuarentena
entre paréntesis

para afirmar la vida.
        Se volaron los pericos
        de las ramblas
        una grúa atenta
        corta alas entre árboles.
Tú miras
los últimos decretos
silbas bajito
como el perico del árbol te refugias
un sollozo
de asunto sin concluir te contamina
arrecia el racismo en la vereda
y entre sollozo y letra
entre antifaz y vino
entre máscara de luz
la llave en el bolsillo
abres la puerta
no para ir a jugar
sales
te despides de todos
y a la libertad de vivir entre paréntesis
le das la
bienvenida.

Si...

Si se abriera
la puerta
sí
si aparecieras
tan solo

tu perfil
sí
si te asomaras
y con felino
gesto
dijeras
hola
si entendieras
que hoy
hay luna llena
y es viernes
y la historia
ya no
se repite.

31 EN ESTOCOLMO

A Hans

El treinta y uno a la noche
el cielo de Estocolmo
se tiñe de migajas de luces
inmigrantes bandadas
                de artificios
descienden en ostentosa caída
algunas desaparecen
        velozmente
otras,
se toman su tiempo
acarician los copos de nieve

se confunden con ellos
esperan un hueco
       de aire frío
antes de ser nada
apenas un suspiro en la noche
saludan con sus manos sin pañuelos
esa noche la vi
era ella
La Cruz del Sur
artificial
      rosada
            confundida
en lenta caída
desde el cielo del norte.
Como tantos de nosotros.

RECORRIDO SOBRE CUERPOS ENGALANADOS

1

Una rosa
un pez
caracolas
un huevo
el pórtico en ruinas
el niño
la espiga
el pan consagrado en el corazón del niño
el hueso de sepia
metamorfoseado

en Gala.
El drapeado es el protagonista
del hueso de sepia
surges
en el quinto movimiento.

2

Madonna de Port Lligat   ORA POR NOSOTROS
un hombrecito asciende desde tu pecho   ORA POR NOSOTROS
flotan las conchas marinas los erizos
       y las caracolas
fragmentos de un arco y una columna
yacente
¿Qué oración asciende, cubre tu rostro?   ORAS POR NOSOTROS?
¿Acaso rezas por ti misma?   O POR NOSOTROS?

      Como la Ofelia de un Hamlet ignorado,
      sin perderte en el espejo del estanque.
      un hombre dentro de ti crece.
      Sin padre.

3

Hasta la propia muerte se eleva a
Distancia de la tierra.
Dalí

Leda y el cisne. ¿Canto de amor enamorado?
(Leda es Helena
Helena parida
por Leda en el huevo
todopoderoso)

31

Un cisne arde.
Todo se suspende, sin gravedad. Solo la pierna parece sostener el cuerpo.
Exasperado el cisne se acerca a tu rostro. Cómplice espera. El agua del fondo bordea
los días, la vida.
Como un maniquí – flotando sin aire- Gala irrumpe.
En Leda el cuerpo se acerca a la dureza de la estatua.
Todo pierde densidad. Nada se estremece. También el Tiempo se retira.

4
5 semanas de trabajo, 2 horas al día.

> *Contemplar el cielo a través de la carne.*
> Dalí

Una espalda

puede ser la antesala/la galería/ el invisible
laberinto
que separa la mirada de su objeto
de deseo
        el cielo despierta
en trozos
la carne de la mujer
        quiebra su arquitectura
en infinitas promesas.

¿Quién podría desplazar sus labios sobre una espalda
cuyo oficio de luz es un cuerpo en extinction?

5

Galarina   1944-45   540 horas de trabajo

Como la Fornarina de Rafael tu nombre se desplaza en la Historia.
(La historia de los amores más grandes del mundo)
El pecho se ofrece como el pan.
Pecho-pan en la cesta de los brazos.
La luz, aureola sin santidad. Estás más que nunca en la Tierra.
Un ojo en la sombra reluce, el otro descansa mirando a quien la
pinta.
El pezón nos invita, una Eva incita-invita.
La serpiente alrededor del brazo rememora otro relato primigenio.

6

Si dos trozos de pan expresan el sentimiento del amor, sus migajas
nos recuerdan el dramatismo de algunos finales.

Número 15 – Galería Julien Lévy
1945 – 82 x 100 cm – óleo sobre tela.

7

*Escribo este texto a la sombra de la luz de un bosquecito de Siberia, algo
así como un claro iluminado. Es Gala (Galoutchkinetta),* por Dalí,
del prefacio a su texto "Fundamentos geológicos de Venusberg" de
1939.

8

¿Por qué esa herradura prendida sobre una gorra?
Cinco perlas descansan sobre la herradura.
La gorra metonimiza una cúpula:
¿Deseo de la tierra/deseo de la mujer?
El hombro amenaza una incipiente desnudez.
La chaqueta con diseños de telas rusas antiguas desea caer.
La espalda, siempre la espalda, realiza su callado trabajo. Contra
toda
amenaza de cobertura.
Sólo el pelo desobedece el designio.

Retrato geodésico de Gala (1936)

9

La fijeza de Gala mirando a Gala debe ser situada en primer plano,
Inaugurando el mito trágico del Angelus de Millet. Dalí
El Angelus de Gala (1935)

El cuadro dentro del cuadro.
Gala frente a Gala. La mujer doble, duplicada en el espejo
Sólo la rueda del cuadro es la misma, fragmentada por
la repetición. Toda repetición siempre es la antesala
de un fragmento.
De nuevo los muros amurados a otro pretexto.
La espalda es muro. Separa y pide.
La otra descansa, la calma en las manos sobre el regazo.
¿Qué mira? Sus ojos siempre están perdidos en el vacío
impredecible.
¿A quién mira? ¿Se mira? ¿Le mira?
Ocre es la tierra, cobrizos los rezos.
Los personajes de Millet rezan a su espalda.

10

De todas las Galas prefiero a aquella incompleta, su rostro surge recordado y pegado sobre un papel blanco. Sin embargo, el óleo está sin acabar.
Aquí parece más humana, menos dureza de la estatua.
Ese toque de ausencia es su misterio, funda el mito y lo alimenta.
De perfil, abandonada su cabeza, por fin, sobre el papel, nacen ramas de olivo de tu pelo.
La diosa griega parece haberse cansado de tanta representación.
Nacen las ramas: mito, mujer, musa, olivo.
Los labios en rictus. Rígido, el perfil.
La frente despejada deja que una inocente ramita se apoye en ella.

Comienzo automático de un retrato de Gala
(inacabado), 1932.

LA NOCHE TIENE EL LOMO DE UN GATO

A Rasputín, Abril, Tigra, Diva, Manchita, Lunar, Clarita
mis gatos que ya no están...

Como gata herida
invocaré en el altar de Thot
tu nombre
de guerras rusas, zares
y zarinas perversas
lo verde instalado ya
en lo absurdo de la muerte.

Me quitaré las cejas
y por tres días
invocaré a los dioses
gritaré en silencio
(no sea cosa que me denuncien los vecinos).
Mi llanto llegará
hasta los agujeros negros
contra esta sarta de
asesinos legitimados

II

¿Qué saben del dolor
de esa espalda
antes en caricia
ahora inmóvil
para quien la acarició?

III

Salgo como gata al acecho
husmeo entre hornos crematorios
tus cenizas
las tuyas inconfundibles
ni al viento
dejarán ni al viento
tu osamenta
preservada para mis instintos.

Arrincono el dolor
y lo guardo junto a ellas
en sobre amarillento.

IV

Que el que lo ordenó
que el que lo pensó
que el que lo ejecutó
reciba
la ira del señor
y los planetas.

V

Soy tu gata
la que merodea
los campos   del horror
reinstala el pasado
la que no olvida.

VI

Soy tu gata
la que atisba entre los libros
durante el día
la que se extiende sobre el tejado
(pero no de zinc).
Durante las noches
saco las uñas
rozo el aire
rompo el silencio
con maullidos políglotas
acaricio las hojas
sus crujidos
me serenan

una brisa otoñal
calma mis bajos instintos
el escozor
de mi vulva
contra el techo
esperándote.

EL CUCHILLO DE LA IRA

> *Los tigres de la cólera son más sabios*
> *que los caballos del saber.*
> William Blake

1

Es ésta
la del cuchillo
en la boca
la que corta
las palabras
según la medida
del deseo
las desarma y
las arroja
al vacío
en trozos dispersos
es ésta
la guerrera
a la que Marte

orgulloso
hubiera invitado
en sus afrentas
clava cada sílaba
no derrama sangre
en batallas inútiles.

2

Al vampiro corten los colmillos
y hundan sus alas en tinta
hecha noche.
La gitana
      cuida
en su carruaje
      el secreto
que oculta
tras el disfraz
      de inocencia
      la palabra.

3

De tanto en tanto
falsos sabios
balbucean algún robo
vilipendian la memoria
de los pueblos
como éste
      -Que tú sabes —
desde los claustros
roba, anota, repite

pobre infeliz
pobre escriba
robarle a las mujeres
por lo que él no pudo ser
por lo que él no es
por lo que él no tiene
este vacío en nuestro vientre
esta cavidad de siglos
este abismo y su sombra
la huella del olvido
página aún sin escribir
apenas grito en el trazo.

4

Para que la letra exista
para que se ilumine
        la voz
la corta
la encuadra
la remarca
porque
¿Hasta cuándo nos seguirán robando
las palabras?

5

Por eso ha llegado
la mujer del cuchillo
a rebanar
las páginas secretas y armar con ellas
una nueva historia.

6

Las palabras del deseo
las del amor
las de la complacencia
ésas
      solo a él
      amor
      susurra
      en secreto
      al oído
derrama
sobre su piel.

El cuchillo
      descansa
          en el olvido
          sobre la mesa.

7

Los antiguos
no escribían
con lapiceros
el ángel Raziel
Thot
Cadmo
Palamedes
Simónides
labraban sus signos
con amor en la arcilla

con cuña en la plancha
del tiempo
plumas de pájaros
incisiones ritmadas
en paredes
textos adivinatorios
sobre caparazones de tortugas
rollos de papiro
tampoco necesitaron
cuchillos
para defenderse
de las fieras.

Cuando Ken-Ji inventó
los ideogramas
dicen que los dioses lloraron.

8

No teme llevar el cuchillo
a su diestra
ni se avergüenza
    si lo descubre algún artista
    atrevido en la mirada.
Se alegra enormemente
al sentarse a la mesa del enemigo
lo invita a comer, le sirve
la entrada, el plato principal y el postre.
–Mientras piensa –
    que cada uno se indigeste
      como pueda.

9

El regalo de sus sílabas de amor
sus gemidos de goce
requiere espacios exclusivos
como la ropa almidonada
por manos en la mañana.

¿Cómo entregar esas palabras
a las garras
de alguna fiera de circo?

10

Como ha sucedido
desde el silencio de los días
con ellas
las anónimas
las silenciadas
ellas
que ni cuchillo tenían
para cortar
      con ira
      con dulzura
las palabras ocultas
detrás de las caricias fingidas.

Epístolas

Poeta- grita Babel-
Soy la ciega de las lenguas
La Casandra en la noche oscura de los significantes.
Cristina Peri Rossi

1

Hay tantas cosas
que nos unen
ese mar de la infancia
y el silbato de un barco
este vértigo, gato que acecha
nuestros silencios.
Un hombre partido
entre retrato y piel
un hombre
ausente.
Hay tantas coincidencias
amadas
un pueblo de infancia
y el lenguaje callado
de las plantas.
Algún río, tal vez,
cuyo eco, ya no logramos
recordar
en la intermitencia del olvido.
Silencio.
Una luz infinita
la siesta

esos reptiles
que me persiguen
en los sueños: palomas
disfrazadas
dinosaurios, iguanas
lagartijas tan esquivas
que aún hoy intento aprehenderlas
a la luz del amanecer.

2

Quise odiarte y usé
palabras de tormenta
los juncos se quebraron
frágiles ante los gritos
quise olvidar el vértigo
y la risa abierta
en un tiempo de hastío
y presentimientos
un insecto sobrevolaba
la hora de la siesta.
Era invierno.
Me he herido a mí misma
sangra una huella sutil
aún cercana late en su borde
miro el mar y es otro mar
un rojo de sangre
el mismo rojo
la misma herida.

3

En las calles de una ciudad
desprendida del tiempo
mítica y fundacional
adánica
con la humedad
de los objetos borrados
te caminé
la caminé y la caminé
contigo y sin ti
latía un sonido exasperante
los recuerdos galopaban
con urgencia: el campo verde,
el río, la cascada, un puente.
Los cines abrían sus bocas
hambrientas,
en su oscuridad
olvidábamos los cuerpos
solo ojos crecían.
El asunto fue quedarse
en una esquina
un acento de infancia
me hizo esclava y pasajera
retrocedí hasta aquellos días
de gritos, quejas, calles
arrastradas por un alúd de muerte
quise olvidar no pude
desfilaban los rostros detrás
de las palabras, las consignas con
tambores,
personajes para invocar al viento
ruinas de un paso de baile
equivocado

ese olor conocido de unos cuerpos
esos cafés con luces tenues y gastadas
y tú
enredándolo todo en el ovillo
en la premura de un regreso
como Ariadna.

4

La Dança de la Mort, Bergés.

La noche socava sus ofrendas
salpicadas de espuma
y tan frágil
mi esqueleto se niega
a la muerte.
Ella
sorprendida de un hilo
me hace muecas
dentellea los dientes hambrientos
ofrece su tejido de huesos y se ríe.
Ella, la macabra, la de siempre
me danza
enloquece al viento
a mi costado rugen vociferan.
Las voces se funden
pido olvido
pido pido
pido tregua
es aún atardecer, ni ángelus apenas
es aún la cuarentena de la vida
ella ríe y torea su manto de espuma

retrocedo y me dejo clavar
muerte tora
asesina
solo a ti no
escribiré poemas de amor
hoy es tarde
huele a sal
y no te los mereces.

5

No obedeceré las reglas aprendidas
a la hora de la siesta
una lluvia de alcohol inunda mi cuerpo
cansado de solemnidades
apenas alcanzo a retener alguna voz
quejumbrosa en la tiniebla
y otra lluvia
plagada de monotonía
en estos tiempos que corren
late afuera
ni negro ni blanco
grisácea ella, sin definirse
prefiero las lluvias con olor a vino
humedecerme por dentro
hasta que explota el grito y el poema
y no admiro ningún maldito a mis espaldas
ni envidio destinos callejeros
no quiero dolor para ti, dijiste.
El dolor ya estaba.
Tocan el silbato y adelante,
se muestra con sombrero
tocan la campana, sale primero,

a paso de soldado
el dolor está desde la primer herida
lo sabes bien,
no quiero dolor para ti, diré
y con filtros mágicos
intentaré adormecer a
esas niñas heridas
que asoman durante
algunos días
inexplicablemente.

6

¿Cómo habrá sonado su cráneo?
¿Igual que cualquier otro cráneo?
¿Es que los cráneos de los moros suenan distinto?
Una bota,
dos botas,
tres botas
cuatro botas a la moda.
Y los pies, las piernas, las cabezas, los cuerpos
que golpearon, ¿habrán tenido madre?
¿Tendrán madre?
¿Qué palabras habrán acunado sus días de infancia?
¿Canciones de cuna habrán acunado su infancia?
¿Tienen madre o padre?
¿De qué se ocupan sus padres, sus madres?
¿Leyeron los Mandamientos del Señor en su infancia?
¿Los leyeron, los recuerdan?
¿Quién les leyó en su infancia el Nuevo Mandamiento
del Desarrollo?
Mandamiento 11: "Matarás al extranjero
pateando su cabeza con botas de cuero

último modelo".
¿Sintió/eron algo él/los susodichos?
Llegaron a mis oídos sus risas
carcajadas de la Mala Muerte
ella reía, la muy brutal
ella se mueve riendo por Europa
la Mala, la Fea Muerte.
No. No todas las muertes son malas.
Hay muertes bellas, todas nombran
en el instante final a la madre.
Hay muertes calmas, eso dicen,
con dulzura de adiós.
Sin patadas de cráneos ni miradas de niños
mirando hacia la nada.
Esa Muerte bella, tranquila, se
aposenta en los lechos con
gritos preparados.
Se asienta en algunas camas y se funde en
las manos que acompañan el tránsito
Yo, poeta, digo:
nada se llevarán en esa hora
solos y desnudos irán
ni cuentas bancarias ni intereses
ni objetos de lujo ni palabras
en esa hora final.
Nada se llevarán con falsos pagarés
de vida vivida
piel, huesos
la mirada ausente
presintiendo el paisaje
la huella del luminoso camino.

El poeta registra su tiempo
el narrador en el parque de un

cielo sobre Berlín
sentado en el sillón del tiempo
no ha quedado solo.
Aún narra
aún habla
mira y mira
la poeta registra las grietas del tiempo
las sufre
heridas y llagas al costado.
Unos ojos de final preguntan
¿qué hago yo en Somalía, en Brasil, en Chernobil,
en Bogotá, en Buenos Aires, en Yugoslavia?
Unos cráneos se hunden a la hora del rezo
Oh, Alá, Buda, Mahoma, Jehová, Dios
o como quieran llamarte
recíbelos en tus brazos
las marcas despellejan el mundo
los jinetes de la muerte adelantan su tiempo
la poeta escribe
sus huesos crujen en el dolor del día
crujen sus huesos
desde el vacío de la noche
crujen.

7

Recuerda:
el mundo es grande, me dijo mi padre.
el padre de mi padre era francés
mis bisabuelos maternos eran italianos
la madre de mi padre era española.
Recuerda:
el mundo es tan grande, me dijo mi padre.

Cada vez que llevaba su valija al barco
yo lo veía partir.
Mientras tanto, mi tío abuelo, recitaba
la guía de viajes
En el cuarto del fondo
nunca se había movido de esa casa,
leía y calculaba distancias
a la noche, mientras dibujaba los animales del
campo, mi tío abuelo
sabía a qué hora llegaría mi padre al Puerto.

Mi padre, el viajero, enviaba cartas.
Yo leía misterios en los sellos.
Cuando mi padre volvía a ser padre, sin uniforme
ni valija, yo le decía: "Contáme"

Mi abuelo, el abuelo de las tierras, auguraba el
triunfo del inglés.
Yo aún no conocía los colegios
y mi madre leía en francés.
Mi tío escondía la foto de Garibaldi
en el cuarto del fondo.

A escondidas, en el silencio de la tarde
con el misterio de ángeles a las espaldas
susurraban las plantas
los animales y los muertos de la casa
murmuraban.
Torre de Babel de la infancia.

Un palomar de invisibles iguanas extraviadas.
La noche en la cocina de campo, Babel, Dios, y venir de tantas
partes.

Estar hoy aquí y ayer entre tambores y palmeras o
caminando
entre bosques de nieve y guturales imposibles o llegando al
Grand Théatre de la Monnaie de Bruxelles
y bailamos La cumparsita, decía la Negra, (¿Qué habrá sido de la
Negra?)
Mientras subíamos para ver el Fausto de Bèjart o no
entiendo el veneciano le comentaba a Laura caminando por Milán
antes de visitar a los parientes.

Aún no ha terminado, decía Hans, después o durante el Hamlet
dirigido por Bergman y la noche anunciaba el Año Nuevo en
Estocolmo
mientras un viejo amor olvidabas entre cremat y habaneras.
Todo está tan cerca y todo está tan lejos.

El sueño del inmigrante, la profecía del exilio, los viajes de
Babel, y la palabra. Siempre las palabras.
Y tú, tan pequeña, tan frágil, con papeles escondidos y
en estado de errancia.

8

Por qué con eva puedo conversar en español de américa
y nos entendemos
aunque ella venga de los países helados del norte
y haya oído hablar del exilio del sur
y haya llegado a la literatura
desde un cuerpo frágil
buscando equivocadamente el amor
en brazos fuertes de hombres como papá
pero papá se ha muerto y papá no estaba
por qué si entramos en nuestras historias
caminando bajo la lluvia

que no es el txirimiri
sabemos que hay nieves que se parecen
en su resplandor entre el norte y el sur
entre pinares del norte y del sur
brillando   sí   brillando
y bajo la lluvia que no es el txirimiri
nos abrazamos y podemos decirnos en español de américa
con ese sentimiento que aparece
entre mujeres
entre ciertas mujeres sentimientos
ternura y fuerza en el abrazo y asombro
acá estamos arrastramos palabras
de congreso a congreso
de esquina a esquina
de habitación a papel
por qué
cuando maire envía un mensaje para decir estoy viva
y nos reímos tú te vas yo me quedo
sabemos cuáles son los campos del combate
¿con bates? No, con palabras
con carros de gitanas nómades no nos compran con falsas promesas
rehabilitamos casas para un futuro que no existe
y no tiene empleos fijos para nadie

Salimos bajo el txirimiri
yo sigo
río al lado de carmen que anota el lema
'vinieron los griegos con sus mambos de mitos
en los que éramos peligrosas malvadas brujas'
a eliminar alguien proclama
digo con acento de campo entre los dientes
'los judeocristianos nos jodieron'
carmen escribe la frase
repito después de los cuarenta es mejor la comedia

ríe río reímos
la lectora nos mira
piensa tal vez que nos reímos de ella
ella y sus palabras mitológicas antiguas
pregunto dónde se oculta quien nos escribiera nos dijera
nos amara
carmen a media voz responde le leeré a mi madre esta frase
'y después vinieron los judeocristianos y nos jodieron'
como quieras contesto
una suerte de felicidad nos inunda
nos toca nos ilumina porque sabemos que es posible
que basta un viaje en tren
un sandwich compartido hablando de otras tierras
y somos mujeres-niñas   niñas-viejas   mujeres-viejas-niñas
arrastrando palabras
dejando a otra mujer en el tren
encaminada la holandesa ya sin llanto
porque estamos porque somos
aunque haya tierras donde no se entienda esta humedad
en nuestras almas no en nuestros cuerpos
ya sabemos de la pasión de las humedades
en los cuerpos sabemos
que lo que dura detrás de esa efímera pasión es el carro
de nuestras palabras madres corajes del norte
a sur del sur al norte
tampoco tengo miedo de abrazar a agnes
ni disentir sobre mi realidad
agnes es nómade como yo
no creemos necesarios los domicilios fijos
las direcciones sólidas agnes arrastra
su teatro de palabras
brecht y el muro de berlín y el brillo en los ojos
agnes viene de tierra de viejos cultores de la cultura
todo es muy lait, muy light, muy

coincidimos en que hay que seguir a pesar de los suicidios
de los grandes dueños de las ideas rizomáticas
cuántas voces nos habitan
cuántas imágenes de un pasado fiero de promesas
agnes le digo estamos seguimos ven
entrega tu carro de palabras
y alicia con sus ojos tan grandes de negro iluminados
por el entendimiento escucha
venimos del sur
nosotras venimos del sur del viejo exilio del sur
para qué contar historias
con pocas palabras construimos veinte treinta años de sentires
entre hielos y grises y nevadas o soles que parecen eternos
aquí estamos
arrastramos nuestros carros de madrescorajes
¿sin quererlo? ¿sin saberlo? como Lisístrata
no ponemos precio a nuestro sexo, sino a nuestras palabras
jamás el silencio ni la traición ni la entrega
ni el dogmatismo ni   ni   ni   ni
¿por qué cuando abrazo a eva y me despido de
evaliciacarmenlaholandesagnes somos tan fuertes?
¿por qué en esta tierra estéril no hay abrazos parecidos?

CÁMARA LENTA

FOTO MOVIDA # 1

Y te miraba
de costado
mientras
 divagaba
en otra lengua
siempre en otra lengua
sobre la historia feminista
en América Latina
llena de copias falsas
de vírgenes
santas
blasfemias
violaciones
y pronuncié la palabra
machismo
y te reíste
de costado
y pensé
en el error
en la falta
en la frontera
en la prueba
el examen
la ley de costado
en tu sonrisa.

FOTO MOVIDA # 2

Y salí con los libros
en mi valijita roja
y cubrí mi cuello con la
bufanda marrón y roja
tan tramada
mientras bajabas los ojos
se produjo
un hiato
un espacio en blanco
entre tu risa
y mi mirada franca
de bestia en celo
peleando por un lugar
en este mundo de hombres
con sonrisa de costado.
Sin embargo
me ví con
los ojos abiertos
la sonrisa de gata
diciendo
eso es todo
el temor y la risa
desenfadada risa
para poner final
a una pista
que te abriera la puerta
para entender mi mundo
hecho de fronteras
gatos tigres selvas
desiertos aún sin visitar
migraciones
como pájaros en bandadas

aviones cancelados
confusiones
confesiones.

FOTO MOVIDA # 3

Y mi falda negra
con ese vuelo
en la parte trasera
y las medias rojas
carmesí
y las botitas negras
con lana
el frío en los pies
y la chaqueta que adelgaza
los años
y los labios rojos
y el pañuelo alrededor del cuello
y mirar hacia atrás.
Sólo darse vuelta
despacito en cámara lenta
y descubrir al hombre
fundando una mirada
sobre mi cuerpo
pequeño
y el enigma
la sangre alborotada
su sonrisa
recorriendo
el negro,
el carmesí, las formas

adivinando
como al acecho.

FOTO MOVIDA # 4

Odio
los corredores
corrí
escaleras abajo
para huir de una
amenaza
o ante el peligro
de caer en la
trampa de
unos pasos
imprevistos.
Desde entonces
apareces
invades mis sueños
te sientas a la mesa
de la noche
me llamas
no respondo
me escabullo
entre los pliegues del mantel
persigo a mi gata en la carrera.
Le digo Abril espera
retumba el eco de
mi nombre en una
voz metálica
en otra lengua

como Alicia
me esfumo
escapo
no sea acaso
la hora en que
Amor dispare su flecha,
amenazante
bajo un mantel
de flores.

UN VIAJE TAN LARGO PARA UN LLANTO

a David W. Foster y a Cynthia Tompkins

*Soy el Jeroglífico que
bajo la creación se encuentra.*
Elsse Lasker-Schuler

INTENCIONES

Vivo en una ciudad
donde la gente
camina amurallada
soñando sueños feudales
y yo
acumulo llantos
vengo al desierto
Baby

a llorar
a iluminar
los sahuaros.

EL PAISAJE

> *¡Y tanta rama ardida en el desierto!*
> Ricardo Molinari

Y esa luz rosada de la pampa/Baldomero/ pajaritos negros sobre el alambrado.
Y la luz amarilla del lago/ Lunar/ mujeres muertas como las de Delveaux.
Y esa luz naranja del desierto/ O'Keefe/ el sudor de los pétalos.
La distancia une el paisaje
la luz quebradiza
quieta.

UNA MUJER

Volver a los diecisiete – no como Violeta –
volver a los diecisiete
a los dieciocho
como Kerouac
o Chatwin
siendo mujer de tan solo diecisiete
con piernas fuertes para la monta
y trencitas con lazos rojos
como las de Anne
      la de los tejados verdes.

LA VISITA

Volver a Arizona
bailar con los apaches
respirar con la tierra vibrante
bordeando las acequias
volver a Arizona
dejar huir los ojos
tras la espalda del cow-boy
apenas la pupila llega a las caderas.
Vengo del sur
tengo los ojos muy negros
muy despiertos
para mirarlo todo.
       Todo…

EL VIENTO

> *Todos andan trasteando la casa,*
> *los campos, la sombra que te han dejado los rapiñadores.*
> Ricardo Molinari.

Ese viento que viene del pasado
me per/turba
no es el del tango de la sociedadfomentogarín
No.
No es el mismo.
Turba mis imágenes que re/tengo
para no quedarme
sin infancia
digo, sin carrera de sortija

ni calesita los domingos
ni palo enjabonado
ni comparsa de carnaval
sin higueras ni gallo cantor
sin radio por las noches. Sin el miedo.
Para no quedarme sin
cuando hay tantos sin.

CANCIONES

Dónde quedaron mis ángeles
Baby
dónde aterrizaron
sobre la Catedral de Sedona
en las gargantas del gran cañón
sedientos
descendieron
mis ángeles
    On the honey
        On the border
        Baby
      Leaving me alone
      Here.

en la oscura selva
urbanita
de humanoides plenty
Dancing
As always
All my entire life
The same baile

(a dos ritmos)
en su honor

                    para Anne Sexton
                    para Jean Rhys
                    para Dorothy Parker
                    para Nina Berberova
all of them
ellas   llorando alguna vez,
                    como yo
                    frente a esas preguntas/esos fragmentos
                    cayendo en el desierto
                    de las gargantas secas
                    on the blossoms of the sahuaros
                    dried.

CARA AL CIELO

Flota
cara al cielo
estallan fuegos artificiales
caen en migajas
quiénes ganaron: ¿los Diablos?
desperdicios/ cardúmenes/algas/corales
se enredan en la noche
tras el simulacro toca la brea
prometida con los párpados
peces emigrantes
invocan un final
descubre cada detalle en las
insospechadas estrellas
más mira

más betún iluminado
flota, ella
                flota.
El agua, tan azul, en el
estanque alacantos prisioneros
ellaprisionada
el agua la inunda y el llanto
conduce afluentes
ilumina los bordes.
Una arcada de rostros femeninos
se eleva en elegía nocturna
ojiva estival.
descubierta en su fantasma
ella/la Muerta
                flota.

IMAGINE UN ENTRETENIMIENTO MIENTRAS VIAJA...

Los de mi costado
nunca sabrán de mis poemas
peces lunas puebladeras
            del poema/portador de
abisales presagios
mientras juegan al puzzle
des/em/pareja/dos
los huracanes invaden el Caribe
nombres extra/vagan
amenazan costas
mis costas, mis arrecifes, mis bahías
las costas de mis islas
            poliglotas

           polimorfas
           digestivas
me devoran y me degluten el pasado
           el exilio quedó allá
           prendido de un estuario
           de un río marrón.
Una lágrima
una epopeya por digerir
una historia apócrifa
en el lenguaje mestizo de la errancia
y nadie sabrá
por qué cuando escribo
mi corazón se abre y
orillea los bordes del almita.

CAMINAR BAJO EL CIELO DE ARIZONA

Me gusta Arizona
Baby
mis hendiduras, excesos sudan
desbordan…
Su olor denuncia la vida
no hay bote aún para cruzar
el río Salado o el del Plata
cualquier afluente del Hades/ será.
No tengo moneda Caronte
para pagarte
solo créditos a un elevado interés
solo créditos
para morir endeudada.

BAILE DE MÁSCARAS

Lady Tiger bambolea las manchas del vestido
lee sus novelas/ las orquesta
las acompaña a ritmo de vallenato
Caperucita siempre imprime a su ensayo
las gentiles maneras de la gente cultivada
               y solicita colaboraciones.
Mi oído se encrespa junto a una voz del norte
mi ojo también
pez abisal entre el recuerdo de su tierra
y el torrente
Lady Panter/ de negro
Ya no está para estas lides
ataca y queda sola
mientras una voz denuncia desde
los micrófonos
que los monjes metían mano a las mujeres
en los confesionarios del siglo XIX
Arañita o Aracne
o simple vocación por lo perdido
Selena, Manolito o la frontera.
Mientras tanto
Baby
desde Arizona
te escribo una postal.

MENSAJES

> *Los árboles son alfabetos, decían los griegos*
> *Entre todos los árboles-letras, la palmera es el más hermoso.*
> Roland Barthes

Querid@

He visto las mejores palmeras
    caligrafiando
    el cielo de Arizona
    ¿*Coquîles* en el viaje
    o cosquillas ?
Las palmeras caligrafían con el viento
    mi telegrama felino del final.

EN LA CASA DEL PADRE

en Vienna, 2003.
al poeta Enrique Moya

1

Necesito entrar a la casa del Padre
reposar en su diván
mi cuerpo pide un diván
vigilan que ningún cuerpo se

pose sobre el diván del Maestro
me refugio en su voz y le escucho
sus palabras me envuelven
cobijan mi desvalimiento.
El Poeta espera afuera
mueve sus manos sobre los manuscritos
desea correcciones sugerencias una oreja
que le escuchen
que le digan si el acento o la sintaxis o la repetición
siempre la repetición.
Salgo corriendo de la casa del Padre
el Poeta me ve y persiste a mi lado.
El viento lo sacude todo
unas hojas amenazan salir volando
sin permiso del Poeta
que corre y corre
a la búsqueda de una oreja
un ojo
algo que calme su trágica soledad.

2

Yo solo quería ver un cuadro de Arcimboldo
para calmar la necesidad de la belleza
irrumpiendo en los umbrales de
esta vida certera
necesitaba perderme detrás de algún rostro
de Arcimboldo
entrarle a la selva de sus trazos, penetrar entre
las ramas o las frutas o los libros
olvidar por momentos
que estoy viva.

3

Otro Poeta insolente por cierto
intentaba explicar hechos de la Historia
que ya son obsoletos
mostraba la doble faz de los traidores
siempre habrá alguien que te diga
lo opuesto a lo que piensa
me advirtió mi abuelo
en la casa de campo
mientras se desangraba la tarde.
Yo sólo deseaba mirar ese cuadro de Arcimboldo.
No hay nada que explicar
el Poeta arrogante paseaba a mi lado
con las manos vacías.

4

Sobre la mesa del gran jardín del Museo
el viento vuela las botellas
clama por sobre los cubiertos
raspa los platos vacíos.
El Poeta apoya sus manuscritos
futuros libros
y los sostiene contra el viento
con la furia que sólo otorgan
ciertos estados de gracia.

5

En la casa del Padre
objetos, colecciones

inventarios de obras conocidas
esa película hecha por la hija
esa película que lo muestra
ya viejo, ya cansado
en ese jardín familiar
a su alrededor corren los nietos
y una cobija a cuadros
cubre sus piernas
simulacro de diván.
El Padre, cansado de la Guerra
mira a sus hijos.

6

Una voz fuerte, dura
desolada.
Una voz que se frote
contra los rincones de los seres
que haga esquina
como quien construye su torre de cristal
y la limpia cada día.
Una voz inclemente
que no haga pie ni se sostenga
porque no hay cuerpo
porque no hay cuerpo
sola ella en su irrenunciable lucidez.

Postales de invierno

I

Exhausto de tanto amar
amor amar amor
hasta el desamor.

II

Aquella luz
miente.
No es una estrella.

III

Para qué cruzar el océano
si
del otro lado
el objeto de amor
está perdido.

IV

La hoja
    anticipa
        el otoño
            en la caída.

V

Silencios atrapan horas
arrincona el corazón
un solitario.

VI

Sábana es el día engañoso
en la nieve ya noche del norte.

VII

¿Quién osa atravesar
    esa línea
    ya camino
    horizonte

    un árbol/ un pájaro/ un grito en la noche
    prematuros?

VIII

Lastime el señor
    el ovillo de la memoria.
Zigzaguee la mujer
    el camino del tren.
Crucen sus brazos
    los recuerdos
    al acecho.

IX

Palabras fulguran
entre diente y silencio.

Osamentas dormidas
danzan al follaje
agrio sabor a vino
bebe una calavera.

Un fantasma roza las ramas
        y es invierno.

X

El tren rononea
su tristeza.
Pálidos viajeros
        deshojan
            solitarios.
Unos dedos
caen
se entrecierran.

¿Quién gana sino la vida?

XI

Ajenos rostros
sin huella
camina la desdicha.

XII

¿Quién sos:

belleza de lo prohibido
o
desafío de lo imposible?

XIII

Este trocito de cielo
no rememora otro cielo
simplemente
he cambiado de hemisferio.

XIV

Trampa
sin
salida
este
deseo
instalado
entre
  vos y yo.

XV

¿Bastará la piel
    conduciendo
        mensajes nocturnos
            caricias disfrazadas
              de sueños?

XVI

Tiritando
viste de gris
la niebla
las montañas.

XVII

El gorrión
sobrevuela
el anticipo
de la noche
y es invierno.

XVIII

Tantas piedrecitas
anda la hormiga
es largo el camino.

XIX

A la duda de unos ojos
ofrezco la resistencia
de los míos.

XX

Todos los secretos
todas las respuestas
están allí
en el misterio
        de esa mirada primera.

XXI

Cuando mis gatas se estiran
y extienden sus patas
contra mi vientre
        me recuerdan
que alguna vez
        fuimos mujeres.

XXII

La lengua los dientes
el denso aire
naranjal pútrido
y ese hilo que se
        corta
sin redención.

XXIII

En lo denso
    me quedé
    sin
    palabras
desde donde pronunciar (te).

XXIV

De tanto contar la vida
me quedé
sin ella.

Muda.

XXV

Porque hay
algo
de lo insostenible

me voy.

XXVI

Cristales cuelgan de esqueletos
entre los pinos
algunos hombres sobreviven
zumba entre las ramas
el dolor del viento.

XXVII

Una cuchara, un lápiz
la lámpara, el timbre
los perros vigilantes
el viento, la ternura
un timbre, la lámpara
una cuchara.
Me olvidaba:
tu nombre que se escapa
por la ventana por donde
entra un frío furioso.

XXVIII

Con las mismas manos
de acariciar la nieve
con las mismas manos
de cubrir lienzos
en fuga
de rojos y amarillos
des tibieza
a mi piel en este invierno.

XXIX

Penélope:
¿Hubieras destejido
la infinita madeja de nieve
sobre la tierra
acá
donde también el hombre

respira y se deshace
en soliloquios blancos
como hoja de papel
remontando vuelo hacia
el olvido?

POÉTICA

A Galo Lovecce

1

Una hoja vuela sobre el césped.
El viento sacude su protesta
y es verano.
Tintinean las hojas su amarillo
alguien camina la tierra de palabras.
¿Dónde habita el gesto del poema?

2

Ningún mar
es igual a otro mar
cada ola
rompe de modo diferente
aún naciendo de un impulso semejante...
Como el texto.

3

Acaricia cada ola
la textura del grano y de la arena
la palabra se desangra
en su infinito habitante
cubierta y protegida
lo cubre y disimula.

4

Alguien pasea en el muelle
impertérrito
un pez/ya pescado
esta imagen antigua
retenida y vigente
es ahora el poema.

Cazadora de sueños

Sobre el sueño de las ciudades amadas
se hamaca una muchacha (…)
sobre el sueño de las ciudades amadas
Una mujer sigue buscando
la piedra mágica de la felicidad por el saber.

Juana Bignozzi
Partida de las grandes líneas

Los indios norteamericanos cuelgan en sus habitaciones o sobre la cuna de un recién nacido un círculo que sostiene una red con cuentas de colores, plumas y otros accesorios al que llaman *Dream Catcher*, y que sirve de filtro simbólico para las pesadillas. Así los malos sueños quedan enganchados a la red para poder desprenderse o transformarse con la luz del sol de la mañana.

Estos poemas —como esas redes— han cumplido la tarea de filtrar, de transformar algunas imágenes que aparecieron durante las vigilias en distintas ciudades y que han sido traducción o asimilación de restos de vida vivida o deseada.

La insistencia en casas vacías, en el abandono de ciertas maquetas o decorados, en papeles donde se pierden las direcciones de aquellos a quienes hemos encontrado a lo largo de nuestras vidas son como vestigios, indicios de los recorridos realizados.

Los poemas de *Cazadora de Sueños* no buscan ninguna verdad, no insisten en ninguna certeza, aparecieron en algunas revistas, en antologías perecederas, con la misma condición que aquello que les dio vida, la vigilia, la sospecha, la duda, la condición que otorga el día después de la insistente presencia de algunos signos durante las noches.

Zulema Moret

I

que dejara de soñar / me dijo /
que basta de andar pintándolas /
a ellas / mujeres solas / detrás
de niños solos / con madres muertas /
por campos tristes /
qué es esta subversión de estilo / me
increpó / esta inversión de la letra /
reclamó a los gritos / basta de metáforas /
a la edad / de andar derecha /
basta de indagar las claves / entre
cifras inclementes / porcentajes /
que si insistes / te llegará el castigo /
amenazó / tarde o temprano /
te cortarán las alas.

II

Soy la mujer sin atributos
la que se niega
la que rechaza
a priori
la guardiana de
la oscuridad sonora
en luminosa rebeldía
la fragmentada
en la era de los fractales
la sencilla miradora
del cielo y sus devaneos
nocturna y decadente
a mitad camino
entre Circe y Penélope

entre Casandra y Helena
destejo del telar del día
lo que mis sueños
tejen por la noche.

III

Gabriel García Márquez con alas de ángeles
se zambulle en un mar muy gris
Carlos Fuentes dicta conferencias magistrales
desde el muelle.
Un grupo de nuevos terapeutas
provoca risas y asombros
cubre con gorras de TODO A CIEN
las fantasías de sus pacientes.
El mar el mismo mar de siempre
gris verdoso a la deriva
como ella sin saber lo que
con temor a lo imprevisto
dando vueltas
como un disco rayado
inconcluso sin saber
qué es lo que le falta
como un disco rayado
repetido
ajado
gastado
cansado
quebrado
elegido
regalado
olvidado
partido

pintado
desplazado
vacío
silenciado
castigado
soslayado
pronunciado
revendido
nostalgiado
usurpado
compartido
en te rra do
como un disco rayado
de cada día
y la púa sin clemencia
ni pudor
rasga las horas
padre nuestro
la misma musiquita
bendito seas
al desayuno
si estás en los cielos
al mediodía
a la hora en que los
muertos
los gallos del campo
ensayan variaciones
te pedimos
y se ocultan
los grillos en el estanque
de la brujas
hágase tu voluntad
y el disco rayado
rayando el cerebro

ahora
y en la hora
de nuestra muerte
llévanos a tu reino
cruzando sólo la acera
el minutero sin rostro
deseado / amado / imposible
la misma partitura
hágase tu voluntad
aquí en la tierra como en el cielo
de un vals negro
yendo y partiendo
como un disco rayado
en una ciudad
donde los corazones
ya
ni
siquiera
tiemblan.

IV

paseo por la casa en ruinas
busco algún abrigo para mi padre
me ofrecen uno lleno de agujeros
tan rojo como las puertas que acabo de pintar
que no son rojas —alguien me aclara—
sino burdeos o granate o corinto
cómo voy a abrigar a mi padre
con ese abrigo lleno de agujeros y de ese color
miseria la que albergamos
le digo a los ojos negros de mi hermana
suplicante ella repite no hay otro

éstos son los tiempos que habitamos
sigo buscando dentro del burdel
un abrigo para mi padre que ya está viejo
cuyos ojos con ese tinte de mar
perdurarán más allá de su muerte.

V

el rostro de esa mujer
salido de la serie de ayer noche
me busca, me persigue
me señala lo más rotundo de mi cuerpo
mis manos amenaza cortarlas
Su cabellera tan peinada tan perfecta
y unos ojos siniestros de sangre me buscan
para qué quiere mis manos, le pregunto
corro entre montañas de piernas, ojos, vísceras
la joven rubia de la serial de ayer
grita que me detenga que tiene
un regalo que hace historia, proclama
la última maleta, el último maletín
de un viaje indiscreto
anacrónico
incierto.

VI

a Nina Berberova

Si un Santón en Madrás
demoró treinta años

para lograr la exacta
caligrafía de una letra...
Bien podré
demorarme unos pocos años
para desarmar una casa
en la trigésima mudanza
empaquetar los tres mil libros
de mi biblioteca
dejar mis tres gatos en cuarentena
contar los quince años
transcurridos
sin pena ni gloria
olvidar los kilos de más por tres minutos
y volver a soñar con Berberova
con Nina y su maleta de cartón
Nina y los bolsillos vacíos
hacia un tren en partida
de una Gare en la mañana (¿o tarde?) inclemente
y decir adiós
sin mirar atrás
a un país, a una ciudad
casi una maqueta
apenas una escenografía.

VII

La noche inicia
su tortuoso recitado
(Holan, Gelman, Kavafis
Celan, Sexton, Ajmátova)
Sólo al soñador le es posible comprender
en la neblina
imprecisos mensajes

restos de una ciudad en ruinas
un bolso abierto al robo
descubrir en lo incierto
polvo, huesos, astillas, restos de piedras
y ese viento que lo arrastra todo
el viento de Comala me alza por los pies
bajo la luna de Lunar
—sin luna—
y neones dañan mis ojos (Quiero huir)
Vuelvo a la doble andadura del oráculo
o a la ceguera repetida —Tiresias mío—
del profeta en el tiempo de los dioses:
sola, errática,
frente a la encrucijada
me des / digo
me des / dibujo
me des / trazo
Pasos sobre mi cabeza
me conducen a la duda del origen
y del lugar en que me hallo:
desierto - prisión - monte
o simplemente
estos esqueletos erguidos
a la hora de la soledad
en la ciudad sumergida.

VIII

Cuando ese hombre
me abraza
permanezco.
Esto es ya bastante
para una mujer

como yo
tan proclive
a vuelos imprevistos.

IX

No todo perfil asoma
de igual modo
al latido de lo inerte
no todo latido iguala
el modo en que
un perfil perece
no toda muerte se perfila
en un latido.

X

«X»
dis tante
la
densidad
entre
tu cuerpo
y
el mío
ese misterio
exacerbando
el deseo.

XI

No es el acto lo que une
es la espera
el dolor de la espera
el gemido de las vísceras en la espera
el ácido líquido entre los muslos en la espera
esa distancia
desde el silencio de una voz
ya muda.

XII

ni parís la eterna ni la estación
de autobuses de maracaibo entre pregoneros
de arepas
ni varadero con arenas como ventiscas blancas
ausentes entre un collar de islas
ni los cayos donde tantas veces amé al mismo amado
hombre
ni los santiagos multiplicados por afán de peregrinos
y conquistadores
ni venecia envuelta en la más fría neblina
del carnaval
ni la pampa extensa con molinos y vacas
confirmando el origen
ni el oro del museo de bogotá que canta el dolor
del indio
ni las fuentes de berlín con madonas inalcanzables
ni los bosques compitiendo en ocres auspicios
del otoñal cambio de los días
ni el nocturno de chopin desgranando su piano
nostalgiando la infancia

dejaron la misma huella que
tu dedo
al dibujar
distraída
por sorpresa
un garabato
sobre la línea
de mi espalda.

XIII

a Serena, por las coartadas
por las coincidencias.

Algunas noches cabalgamos
cruzados sueños aireados
potrillos encienden sus relinchos
faunos complacientes
enanas mujeres fellinescas
intertextos
tumbadas y turbadoras imágenes
de un mar menor visitan
nuestros amaneceres aún torpes
bebemos los filtros que
hechiceras silenciosas preparan
a escondidas
nunca sabemos a qué hora
sucederá
inventamos personajes coincidentes
tú los escribes, yo los busco en
el azar que procuran los horarios
calles y direcciones des-numeradas

desde donde narrar donde atemperar
ciertos acontecimientos
inexactos
esos personajes pululan
de tu memoria a la mía de norte a sur
sureamos los atardeceres
las vespertinas ocasiones
en las que con inocente ignorancia
bautizas
con el nombre de mi amada abuela
a esa vieja que atraviesa
la casa y la historia
de sur a norte dos palabras
ocultan su nombre / secretos olorosos
a campo / anagramas /
de tus ojos a los míos
una playa languidece
al borde del almita
confluyen nuestros dioses:
brujas, duendes, faunos, semifaunos
columnas honorables
¿neoclásicas, romanas o barrocas?
detrás / en torno / sobre / bajo
tú, la Arpía
yo, la niña
tú, la niña
yo, la Arpía.
¿y esos pechos, esos relatos especulares,
esas manos prometiendo caricias
en la mise en abîme de un otro cielo?
montañas de papeles y palabras / tachaduras
borrones guijarros abarcan la tinta
la limpidez del día
volvemos al relato en la caverna

bocetos en lápiz
premoniciones / desvíos
me retiro a las alcobas de la noche
mi ámbito lunar entre felinos minuteros
los dioses se ríen en callado gesto
¿y ese salto de niñas al elástico?
¿y esos espacios cruzándose entre visos?
¿ese rozar de puntillas en susurros?
¿esas voces femeninas detrás de los portales?
Aladas cómplices
equilibristas acróbatas
hiperbólicas
saltamos al vacío
un banquete poblado de palabras
protege nuestros cuerpos.

XIV

Hotel Room (1931)
Edward Hopper

Encerrada en la 105
dejas que te cubran
con los últimos vestiditos recortables
y recortados de la colección del 55
te colocan el viso/enagua/con puntillas
hoy no le toca a la falda con frunces
como en la espera con carta en hotel
tu pelo es rojizo
y las lágrimas se deslizan desde
las axilas hasta los piececitos aún descalzos
una luz languidece sobre la cortina

de naranjas podridas
huele a mar
te inclinas sobre la carta
la lees la rompes
la hundes en tu sexo
húmedo anhelante.

XV

El miedo cae de la sábana
un perro se despierta ladra a la muerte
el rocío de la noche ruge y vocifera
su extinción
agosto es el húmedo temblor entre las vías
sin tren
la grieta es un saber / una cuerda / sólo una /
para permanecer sobre la tierra
despierta la joven entre unos brazos
¿hombre o mujer?
qué más da
habrá una lengua en su itinerario
sobre la espalda / travesía / hasta la pelvis hambrienta /
en recorrido /
languidece el pelo sobre el pecho
alguien se coloca las gafas / para la luz del día /
en el hábito del hueco / de otro cuerpo /
profana la rutina / permanece
ella se cuelga del retrato
del peso de las genealogías.

XVI

En la piel de dios
deslicé mi queja
él se balanceaba
entre pesadillas borrosas
por no poder romperlo
me rompí
de niña, recordé,
te hablaba entre los ladrillos secos
del palomar
en la dulzor solitaria de la siesta
más tarde, te besé las heridas
y rasgué mi piel imitándote
cuando la fiera sacudió
mis hermosas piernas
mi elegante pecho
bailé y dudé hacia la
izquierda del camino
dedaleando las frases
una nostalgia de noche buena
apareció entre amaneceres esquivos.
Rompí el plato que dios
me había pedido
restos de nata
se derritieron falsa sensación
de nube
otra vez al borde del camino
la ira de dios sucumbió entre
mis vértebras
rugí mis días en contenciosos amargos
carcajadas vaticinaban la llegada
del séptimo día
besé su pie contaminado por otros besos

extraños, ajenos
con alas de ángel
acompañé una letanía
entre medialunas y leche tibia
ya no queda nada del paisaje
ni abuelos ni estatuas
solo un coágulo entre mis vértebras
retiene el pulso
del corazón ya solo.

XVII

Que hasta la esquina
que soportando el frío
sin protestar
silbando bajito
un tango, tal vez
diciendo Claudia,
sin chistar.
Buscar los muebles,
el colchón, la cómoda, algunas repisas
y todo conseguido
(los laureles, los muebles, la risa)
que esta habitación me gusta
dijo el Director
hay un cierto clima
una atmósfera / un aire
una historia contada a medias
en las paredes
esos restos
una partitura del piano
en la estancia
un poema en otra lengua
consignas de un tiempo

que ya es historia
aquí filmamos
dijo el Director
y soltó la pasta
la guita / la mosca
ella
ya en otra cosa
de nuevo
silbando bajito
para sellar la estancia.

XVIII

A Mirta Botta, en el abrazo a tiempo

He vuelto sí
cada vez que he venido
no era yo / no /
era una parte
un resto
una residua
extiendo mi brazo
por tu cintura
y vos pasás el tuyo
por la mía
y de golpe
el mundo se integra
se suma
se completa
espío por el panteón
de las Ocampo
fotografío ángeles

visito a Evita
dejo flores
en las tumbas de los abuelos
recorro la muerte
me extravío entre los soles
de cien años de
historia argentina
juguetes / películas / carteles
la mano en la trampa
el jazmín del Tigre
vuelvo entera
completa
después de un largo viaje
un túnel, una cueva
con reflejos de palabras
como el mito
ese viaje repetido
funesto
incomprensible
con unos muertos sin enterrar
ahora por fin
bajo la tierra de mi memoria
ellos están
ellos traman escenas
ellos viven
yo vuelvo.

XIX

Y la gorda invadió la habitación
instaló sus ropas para niños
destruyó la pared
que daba al comedor
la gorda infame
excesiva
instaló el escaparate
quién la autorizó, grité
la casa invadida por la gorda
cien kilos sentados con la mirada ausente
haciéndose la desentendida
no más hall ni comedor ni sala de estar
no más sofá para ver la tele
le grité a los excesos
que se vaya
que entrará la poli, amenacé
que no acepto más invasiones
y me cruzo con mi amigo
lejano
las ojeras oscuras
el rostro pálido
cercano a la muerte
susurran del peligro
y le explico
que la gorda, que una gorda
ha convertido la sala en un local
para camisitas y pantaloncitos
en una ciudad vacía
donde
ya no existen
ni siquiera los niños.

XX

a José Antonio Osés

Entre los llamados nocturnos
a la hora sagrada de la siesta
aparecía ese amigo de otro tiempo
mostraba una nota incierta
un mensaje que no alcanzaba a descifrar
que se deshacía en la distancia
el amigo con un abrigo ocre, amarillento
se daba vuelta.
Ella lo buscaba entre el traperío del recuerdo:
una bandeja llena de frutas exóticas
la playa, el Mediterráneo, no más...
sus manos lánguidas, románticas, delgadas como
sus ritos
se difuminaban en la tarde
del amor que hubo
también el aroma...

XXI

a María Jesús y a Kate, por los puentes...

Siempre los puertos
custodiaron mi vida
los de la infancia
en el vértigo del padre por venir
del padre ausente
los de la ciudad vencida

por los desgarrones
de sus años oscuros
los del Caribe
orilleando los mercados
con 'todo a 200' '3 piezas por 100' y se
multiplicaban los tamarindos, aguacates,
calcetines, cremas para alisar
el oscuro pelo del origen
otros puertos cercaron mi espalda
el del Mediterráneo
contaminado por el oscuro deseo del oro
historias de piratas
disfrazados de nobles
algas venenosas
enjambre de miradas hostiles
coro de voces
sin reconocimiento del error
mitos falsos
como la falsa moneda del fariseo
hubo puertos que pasaron por mi vida
con el horror de la repetición
plano sobre plano sobre plano
diluidos por el duro trabajo del olvido.
No fui la mujer del puerto
ni deseé a los hombres de los bares
ni pude contar los destrozos que la noche
dejó sobre las manos gastadas.
No fui la mujer del puerto
me quedé en sus periferias
playas anexas oficinas con la herrumbre
de la sal fletando destellos.
Sólo fui la viajera, la errante o fugitiva
contemplé sus fragmentos entre cristales
sin azogues vencidos casi espejos.

Pero este nuevo puerto desde el avión en celo
oh azar, fate, destino arrogante
oh, dioses amados
¿qué tesoros traerá
para la viajera desprevenida?

Portland, Oregon (2000)

XXII

A Georges

La noche te trajo otra vez a mí
en ese Citröen antiguo
Celestine se llamaba y celeste era
como tus ojos
era sereno el encuentro
épica apenas / no lírica
aunque otra vez mi alma
trastabilló encabritada
y hubiera deseado echarme otra vez
a los brazos más felices de mi
historia pequeñita, efímera
¿en dónde fue el encuentro, la apuesta
imprevista, el as de oros otra vez
en Amberes, en Alemania?
Tú esperabas...
no a mí, por cierto,
la noche es la sorpresa del navegante.
Caía el pelo liso y blanco sobre tu frente
No tengo tu dirección, dónde vives repetías o
repetía, quién jugaba entonces a confundir las
voces, de dónde el eco...

Una galería de paredes grises blancas descoloridas
se enumeraban
usted tiene su chambre señora
aclaró el camarero
¿en qué lengua?
y yo entré a aquella casa
una mujer tan grande como una cantante de ópera
conocida en París
envuelta en una sábana de Delacroix,
con extrema amabilidad,
como en la escena,
me indicaba el camino
te vi entrar
había una distancia que convocaba el llanto,
la extremada nostalgia
me hablabas de C. y yo te decía
no la conozco.
Añadías:
no pudo aguantar el idioma...
Cuál, te preguntaba
y no sé qué respondías,
había tantos idiomas entre
nosotros en nuestras historias no comunes
y me dabas una nueva dirección
que ahora es sólo un trozo de
papel desvaído
incoloro
sin señas fijas.

XXIII

Cada vez que se miraba en el espejo la encontraba
en el taxi / en el autobús
sacaba el espejito minúsculo de madera olorosa
aparecían sus ojos melancólicos, rasgados
tan diferentes a/ verdosos
tan de mar atardecer
en la oscuridad de la noche evocaba
bares oscuros
barras grasientas
atardeceres crepusculares acunando el olvido
increpaba esa apatía de sangre y herida
no vives
no sabes
porque del saber te has extraviado
conminaba / advertía / como si algo...
tal vez / todavía
entonces cerraba el espejo
al acecho de alguna verdad insospechada
de ésas que no desean conocerse
otras veces aparecía
la miraba desde
el escaparate de una boutique de marca
extranjera / le guiñaba el ojo
le decía no te abandono
como tú has abandonado
la otra sabía mucho más que ella de esas cosas
refugiadas en un rincón de la memoria
tapadas / de la sensación nocturna del extravío
esos cuadros de Magritte
ese trapo cubriendo el rostro
y la sangre
yo te la enjuago le decía la otra

ella no cedía
volver al taxi
recorrer con aleteos la ciudad
la guerra del otro lado de ciertas fronteras
impactaba los oídos
ella la sonámbula la momificada cerraba el espejito
se lanzaba a la aventura del día
sólo acomodaba el flequillo tan de moda este año
esta temporada
y sonreía
controlaba las arruguitas incipientes
alrededor de los ojos
y los cerraba
la otra
desaparecía
dejaba, eso sí
ese olor a alcohol rancio, seco
de otro tiempo
podrido como las flores durante días
en el florero de la abuela.

XXIV

> *Recuerda cuerpo cuando fuiste amado*
> *no sólo cuánto fuiste amado,*
> *no solamente en qué lechos estuviste,*
> *sino también aquellos deseos de ti*
> *que en los ojos brillaron.*
> K. Kavafis

En segundos comprendí a Thomas Mann necesité las
playas de Muerte en Venecia para mirar el mar sin ver
detrás de su perfil una fiera pasión pocas opciones

quedaban para mi cansancio aún mayor que mis años
medidos en esta tierra el gas de Sylvia Plath los mares
de Alfonsina las pastillas repetidas hasta la muerte de
Alejandra decidí lo más sencillo el riesgo de su perfil
de efebo y tal vez a medianoche sobre las luces de otra
amada ciudad su lengua inquiriendo mi cuerpo.
¿Hablaremos de arte de líneas interrumpidas por el
cansancio de la historia de Magritte, de Frida, de Lunar
de los blancos que acechan mis sueños de una oscura
devoción por la noche la de Djuna Barnes la de Dorothy
Parker la de Jean Rhys hundida en el alcohol la de
los 70 con farolillos de tango?
No quiero cansarte con
tanto pesado pasado pesante en las espaldas bastará
con que ría con mi risa de gata la que desde el vientre
se abre como una flor algunos días sólo algunos días
sobre todo si amenaza un perfil de belleza a mis espaldas.

XXV

¿Cómo desprenderse de la muñeca rota flotando en
el estanque? La duda en el recorrido vano en la mitad
de la vida agradezco una cama a los amigos (benditos
sean) ratifico en ellos un sentimiento semejante al
amor (benditos sean) este dolor tan intenso de hijos
no siendo la traición en la espalda repetido el siete un
temblor de ángel las migas del camino el palomar en
el misterio de la siesta y un secreto. La sospecha de un
tema que no aclare ni la muerte.

XXVI

Tan como eras en ese entonces. ¿Cómo eras? preguntas
al vacío. ¿Cómo fuiste? ¿Qué sembraste? este
verbo tan ruin tan inútil tan estéril a la hora de las
cuentas era joven y bello negros ojos profundos
blanca su tez provocadora para amores será frágil en
el adiós Ella la paralítica la desmembrada muerta por
trozos por brazos, por pies por boca, por pelo por piel
la que construye el poema-armadura y se da vuelta a
la tentación ya ni siquiera coraje / ya ni siquiera risa ya
ni siquiera riesgo / en el día de la ciudad la embalsamada
sin inyección previa para evitar la osadía de usarlo
de personaje de nuevo personaje para solapar el dolor
a él que apenas existe a él sólo dos veces sin historia
de cuerpos en este lugar fundando ficciones. Las nubes
diluyen fantasías un señor escribe faxes sin destino
siete doncellas hablan sin cesar se pavonean y el
pelo te cubre las narices no reconoces el sordo trabajo
del recuerdo valió la pena ese paso de baile equivocado
pintarse los labios de fucsia
ese gesto tan siempre tan fuera de lugar.

Zulema Moret

Poemas del desastre

I must always be
building nests
in a windy place.

The Black Unicorn
Audre Lorde

Mi patria va muda
oh mi tierra no quiero que estés sola
pero qué hago con mi ángel de la muerte.
Pasea conmigo
lee conmigo
ama lo que amo
duerme a mi lado.

Despedida de los ángeles
Miguel Angel Bustos

I

El ciego espía de algún país extinguido
se encierra en los baños públicos
de una estación desvencijada
recuerda
las fiestas infantiles que alguna vez animó
como un mago ciego espía
saca los pins de los bolsillos y no se da cuenta
que estamos en extremo peligro
avanzan las manifestaciones
alaridos gritos

contra las multitudes
enfrentamientos históricos que huelen a sangre.
Cuerpos de color adusto
para callarlas / para siempre.

II

El ciego espía mago se queda encerradito
en ese baño oloroso a orines
cotidianos
a abyectos desfiles puntuales
mientras la gran horda humana se enfrenta a reclamos
imperecederos.

Porque lo que se sembró algún día
no morirá.

III

Mientras tanto te tomo entre mis brazos rendidos
eres un cuerpo pequeño
te beso toda entera
los pies las manos el cuello la piel llena de arruguitas
previas a la muerte
te beso y te repito te quiero te quiero
te acurrucas entre mis brazos
tierna y cansada
entregada a este paso final
no elegido.

Empiezan a morir
todas ellas

mis amigas mis siempre amigas
pegadas a mi memoria
como las enredaderas que también
se llaman siemprevivas.

IV

Me repito
fortaleceré los brazos
en ejercicios cotidianos
en este país en Guerra.

Me preparo para otras batallas.

V

El ciego espía mago recita viejos tránsitos por lugares
que alguna vez existieron
como los nuestros: las cenas, los textos, las risas,
los hombres, los animales que murieron de viejos.
De todo eso hablamos alguna vez por sobre nombres de poetas
vivos y muertos / genealogías de extranjeros/ deambulando por un
mundo de citas / referencias.

VI

Tal vez sea mejor ese descanso feliz
de sentirte entre mis brazos
tan pequeñita ahora
y repetirte como en una escena desolada de Bausch
te quiero te quiero no te vayas todavía,

pero mejor vete
entonces vete.
Nuestros vestidos teñidos de primavera
se mueven ante el viento
una coreografía imaginaria
para nuestros amores.

Siempre habrá una escena entre tú y yo
Ambas pusimos el cuerpo al amor alguna vez
cómplices nos reímos
de esos instantes de fugacidad compartida.

VII

Fortaleceré los brazos
en los gimnasios perfectos
de este país en Guerra
mientras te adormezco
en el único lugar seguro que conozco
donde ni bombas ni tumores
invadan los cuerpos.

VIII

A mi país.

¿Qué tienen que ver
estas oscuridades inmensas
cielos premoniciones vastas
conmigo?
Si vengo de otro país
y siempre estoy del otro lado
ahora donde el norte pisotea al sur

firma nuevos tratados
y los esclavos se multiplican

mientras
bajo la tierra
aún laten los cadáveres
de los que cayeron.

IX

No hay posible tratado
entre el mar de
sus ojos y la tierra
de los míos
algo de la muerte
del olvido o de ese
corte
que produce
la imposibilidad

del amor.

X

Plagado
Plegado
Pegado
Cartones
Desplegados
Plagiados
Esa plaga

Ese pliegue
Ese despliegue
Del dolor
Co-ti-dia-no
Algo
De la asfixia
De lo insostenible
De la línea
De la Historia
cuando retrocede.

XI

Fotografía 1:
Mujer dando de comer a gatos

No
accedieron
a una lengua
ni a una
cultura de bombas
ni amenazas.

De tarde en tarde
me enseñaron
la persistencia
algo parecido a lo que
alguna vez
se llamó
lealtad.

XII

Aprender a dejar la basura
sin humillar
aprender a tener miedo
del otro que nunca fue tan otro
aprender a salir sin carteras
ni relojes
ni cadenas
pero siendo / aún siendo /
sintiendo
que el otro existe
ya no saber quién es quién
ni por qué se acerca de golpe y
zás esa navaja ese miedo
trepando hasta la garganta

mirar las hileras de carros metálicos
antes con comida
ahora
subiendo a los vagones blancos
mirar los ojos de los niños
mientras otros no miran

sufrir el dolor en la piel de
gallina
que irrumpe en el cuerpo /
como diciendo / recordando
aún estás viva / aún de este paisaje
parte

aunque el cura
del barrio
cante misa

y diga
y repita
que dejemos en orden
la comida afuera
o los cartones
o los paquetes con
lo que se pueda

y qué han hecho con este
paisito nuestro
verde de montañas fronteras mares
ríos lagos y sierras coloreadas

y qué dicen todavía
estafadores, mentirosos,
conniventes
asesinos de infancia
desalmados

qué les cantarás hoy en la misa
padrecito
a los cómplices / a los ladrones
a los que todavía
con los dineros que
ya no hay.

XIII

a Mirta y Galo que partieron en
el mismo mes

Las cenizas del poeta iluminan el Sena
así habrá sido en el día como cantó Vallejo

porque fue en París y antes Berenice
nos dejara/ como premoniciones / testamento.

El cuerpo de la amiga
ya en coma, su cerebro no resistiendo
el horror de cada día
¿En qué nos convirtieron lo que amábamos?
¿En qué nos dejaron este paisito, amiga?
¿No soportaste más? ¿No pudiste más?
Para qué las palabras dijiste repetiste
mientras me mirabas a los ojos
tomándonos las manos de silencios todas
me hablaste de restauraciones
te hablé de arqueologías.

De todo eso nos miramos y dijimos
y repetimos hasta el silencio
te quiero / te quiero / yo también te quiero
te quiero también / yo te quiero.

XIV

A la salida de las muertes presentidas
las hileras de cartoneros
construían un nuevo escenario
para la ciudad
el miedo apretaba los corazones peatonales
y llorábamos la disolución de algo siempre habitado.
Apreté en los bolsillos tristes
las pérdidas personales
gorriones al acecho de una ventana
desde donde volar al mundo.

Preferí la otra pantalla
que también nos hablaba desde el blanco y negro
de historias diferentes
de gargantas al grito
y bocas abiertas implorando
como en Biafra, como en eso otro
que era de los otros
pero ahora es nuestro
un pan nuestro para cada día
el pan nuestro de cada día
la canasta con comida
en la puerta de las casas.
Ese último gesto que
aprendemos poco a poco
para saber que
hasta nosotros
también llegó.

XV

Decía ser una investigadora famosa.
Lo acreditaban sus innumerables papeles que ella llamaba vitae
deambulaba por las universidades ahora
cubiertas de polvo
como corresponde a la imaginería de un país en Guerra
arrojando bombas sin permiso.
Transitaba con sus papeles bajo el brazo ostentando su
campo, no de flores sino de palabras.
Un campo sembrado de buques piratas,
catálogos de plantas
exóticas que enmarcaron nuestra identidad de

calibanes o caníbales.
Depende desde dónde se lea la historia de
los desastres escritos
con la sangre de los pueblos.

Por la noche, a la luz de las velas,
adivinábamos encerrados en el baño
- mientras las multitudes se enfrentaban-
que era una gran especialista en
viajes / enciclopedias / viajeras extraviadas
que no hablaban de baños olorosos /
ya hacia el amanecer /
en la penumbra del sol naciente / ella / errante
ostentaba medallas de otros tiempos
trofeos inútiles, como los que compraba
por escaso valor en las ferias de alguna frontera
entre países en Guerra.

XVI

Tiene que aprender a remontar la balsa
para poder salvarse, eso me dicen
que debo enseñarles a remontar la balsa en este mar verdoso
que está muy calmo
a estas horas.
Sin embargo a cada uno le llegará su turno y
deberá aprender la vacuidad de las horas
de espera
hasta que llegue el plazo convenido
mirando con desesperación dónde agarrarse
sin garras
porque algunos llevan su cuerpo enrollado en alfombras
turcas.

Otros reposan en los resquicios de las puertas
el tiempo es tan denso como si se hubiera detenido
en la máxima humedad ambiente.
Sí, de eso se trata
de aceptar el último minuto y luego la ausencia
y el no saber.
Algunos deambulan por jardines
yo debo enseñarle a alguien a remontar la balsa
antes de partir
es la misión del moribundo
cruzar a una zona innombrable
donde se detienen los gritos del hambre
las quejas de la Guerra
los ojos desorbitados de los arrojados
desde helicópteros
o cerrados por las inyecciones prematuras.
La danza ha comenzado
y me apresuro a ponerme el traje de baño
el agua está tibia
siento su suave y límpida transparencia
y la llamo a esa mujer sin nombre
le digo que venga
que tiene que aprender a subirse sin caerse
tantas veces
como sean necesarias.

XVII

de nuevo a E.

Se asoma a la cortina
de la noche,
camina con

un papel en la mano.
Lo llamo
y lo abrazo.
Le pregunto
si hay otra mujer.
El se sonríe
(siempre hay otra mujer).
Recorto sus dientes
entre mis dedos
y mis ojos.
Una toma perfecta
sólo sus dientes
esos dientes contra
los que
alguna vez
froté
mi sonrisa.

XVIII

Unas piedras oscuras
nalgas tendidas al sol
tutús de tul violeta
en la
lejanía
solas como granitos
pétalos
acariciados
por un viento
que se deleita en la redonda
sensualidad de la materia
ya domada.

XIX

al pisito de Verdaguer i Callís…

Recorro los laberintos
de una ciudad
alguna vez hubo una calle
cuya dirección podía
retener sin esfuerzo
en la memoria
la calle es la misma
es esa calle sin dirección
ni señales
en una puerta
donde dijera
acá es
con número y apellido
con números
bien indicados
era la puerta de un
lugar que albergó mucha
gente
la abro
restos de libros
residuos de presencias
ese blancor del polvo
amenazando la sospecha
de algo inexplicable
nadie en las salas
vigas caen desde
los techos
más calles
ventanas

arcos
corredores
conducen a un
punto muerto
como la muerte
habitan
ese espacio
donde vuelvo a
mirar con atención
(por si las moscas…)
el camino se estreche
y me conduzca
a lo que alguna vez
fue
mi casa…

XX

Por más que te llame
mi voz no atraviesa
las paredes
mi voz
sin sonido
es sólo un trazo
que dibuja estos días
en donde sólo
silencio
habita.

XXI

Nada que encontrar
nadie a quien llamar
sólo lo blanco
esa palabra
merodeada
por los esquimales
veinticinco veces
o treinta
para nombrar la nieve.
Poco importa
mi gato
me abraza
porque comprende
sí
que algo
compartimos.

XXII

Este gesto mínimo
improductivo
de tenderme al sol.
La alfombra del balcón
de un verde artificial
y el césped
justo enfrente de los árboles
que pierden sus hojas
todo un simulacro
tenderme al sol otoñal
una ardilla negra
se desliza

sube
salta
trepa
y se extraña
descubre a mi gato
limpiándose
sabiamente
el pelo.

Rodearme de poemas de otras
el mate a mi costado
este cruce
esta mezcla
en un país en Guerra
los coches que pasan
con banderas patrióticas
conductores anónimos
indiferentes
al poema
que acontece.

Levantarme los pantalones
hasta las rodillas
evocar las lenguas del deseo
intercalar otros textos en éste
para fijar
legitimar el oficio
detrás como *point de capiton*
un cojín ya lejano.

Hacia atrás
mi madre
tendida al sol
lee sus partituras
nostalgia una lengua

o tal vez unos ojos
y el sauce llorón
sombrea su figura joven
ajena a nuestras infancias solitarias.

Las piernas
las bellas piernas de mi madre
también desnudas y al sol.

XXIII

Encuesta

¿Cuántas veces van a misa:
        en el mes/ en la semana/ en el año?

¿Cuántas veces reza usted:
        en el mes/ por día/ en la semana?

¿Por quién reza usted:
        por usted mismo/ por la familia/ por su novio/a, por
        otros?

¿Cuántas bombas autoriza usted a arrojar:
        para preservar su fe/ para proteger a su país/ por su
        propio
        bien/ por lo que le hicieron creer que es su propio
        bien?

¿Es un problema para su fe saber:
cuántos niños mueren cada vez que una bomba explota sobre su
cuerpecito de otra fe

cuánta gente muere/ matan las bombas que su país arroja
cuántos millones mueren de hambre por la política de su país?

¿Cómo incide su fe: en la política de su país
          en la arbitrariedad de ciertas decisiones?

¿De qué color/ raza cree usted que fue Cristo: blanco
     hispánico
     amarillo
     negro
     otros...?

Responda Sí / No.
Marque con una X cuando lo considere necesario.

XXIV

En el cine
la mujer de las dunas
en blanco y negro
sin subtítulos ni sonido.
Una dulzor
proclama ese gesto
tuyo
de acercar la mano
a mi pelo.
En la oscuridad
sin cuerpos
tu figura
mi espera
y ese gesto otra vez
la mano

la cabeza
el pelo
la arena
tu mano sobre
la piel arenosa
de mi cuerpo
la textura
del grano
y el viento
que lo vuela todo
hasta perderme
en el horizonte
entre las dunas.

XXV

En Eureka
A Daniel y a la Madonna

Los fantasmas de los hippies
muertos en la casa
juegan al fútbol con las naranjas
sus goles
retumban en el suelo
de esta casa victoriana.
El ratón duerme
después de comerse
los barbitúricos
del cajón del mueble
en la cocina
la noche anterior.
Mi gato acecha

en la esquina
tanto movimiento
o tanta quietud.
Me visitas
te inclinas
sobre mi sexo callado
y me adviertes que existes
mientras insisto
tenaz
en darle un final a esta historia
tan extraña
tan llena de
simultaneidades.

XXVI

a L. V.
quien conoce algunos secretos.

Una playa con elefantes caminan
con paso cansino
gente que se marcha
lo verde de un diván de terciopelo verde
y Ella acostada en el diván
llamándome con mirada cómplice
invitándome a acostarme
y yo preguntándole
qué es ser una mujer
mientras Ella me invita de nuevo
a yacer a su lado
para poder responder la gran pregunta
de mis días.

Se despide de mí
en este espacio que no podemos abarcar
con nuestra limitada condición consciente
ella que conoció
casi todos mis enigmas/ mis secretos
me devuelve unas fotos en blanco y negro
con imágenes que reconozco de inmediato
la casa de la infancia con sus viejos
la rebeldía de las noches en una ciudad casi perdida
esos hombres obstinados apareciendo, desapareciendo
reapareciendo de la escena
este presente tan relativo como las condiciones
climatológicas de algunos países
con temperatura cambiante
y en ocasionales estado de Guerra
este paisaje que de tan tranquilo asusta
tras la belleza de su rostro, Ella muestra
su sonrisa y me devuelve un pasado
me dice lo demás le toca a usted
yo le digo ya sé cómo domar al monstruo
y me levanto del tan conocido diván
la abrazo
me despido de esas escenas tan borrosas al principio
tan peligrosas y acechantes
tan en espiral creciente a veces
salpicadas de silencios, de repeticiones, de obstinadas
metáforas, casi en el borde del horror.

XXVII

Anoche soñé que
luchaba con
las palabras de un poema.

Ellas vencían y
colgando
de la pared
exhibían
es pec ta cu lar men te
su imposibilidad

XXVIII

Ese cuerpo se zambullirá sobre
otro cuerpo
como es ley de vida
miro en la noche blanca
con los ojos abiertos
la quietud que otorga
la nieve.

No quiero recuerdos
digo a la hora quieta
una respiración palpita
a mi costado
rinde culto a la noche
mi gato silabea maullidos.

Tanto claustro nocturno.

XXIX

Usted que alguna
vez
tanteó el costado
de la herida
ahora ronca
brutalmente
 S O L O

XXXI

Todo se paga.
        en horas de soledad
todo se paga
        antes de morir.

Ese hombre / sobre
la nieve / un resto de saliva

        cae desde la boca

            un hilo de hielo.

XXXII

Escribo en libros de contabilidad
amarillentos de viejos
las deudas pendientes
no convalidables ni en euros
ni en dólares ni en ninguna moneda
conocida.

Voces, suspiros, quejas
toda vida irrumpe
para vencer
      a la muerte.

XXXIII

a Daryl M.

Subo las escaleras
de ese edificio
cuya fachada parece
pertenecer a un tiempo mejor
un efebo de ojos grises
se asoma
me pregunta
es usted
y repite
es usted
agrega
señora
(no me gusta el tono de su voz al repetir señora)
dudo sobre el gesto a ejecutar.
Qué papel juego en esta escena
    sustituir
    dividir
    eliminar
y esa tristeza que desprende su mirada
invade mis escasos impulsos.

Me doy vuelta
retorno a un lugar seguro
a salvo de espejismos.

En la mano aún late
la sangre cosquilleando
después de soportar el peso de
este bolso con amapolas heridas
tan grises las paredes
los ojos
la tarde.

Todo convocaba al llanto.

XXIV

a J.P.K.

Tenemos recuerdos comunes
me dijo
mientras caminábamos por segunda vez
por la calle de mi último domicilio
y sabía
como al sesgo
que había perdido la memoria
porque algunos eventos
abultaban demasiado
algo así como divide y triunfarás,
escindiendo las zonas
arboladas
de los desiertos (no visitados aún).
Tendremos más recuerdos comunes
y me incliné sobre tu hombro mientras
observábamos cómo unos hombres empujaban
el Planeta Tierra por sobre un campo tan verde
parejito
(como los de mi infancia /

en esa casa de locos).
Para vencer al olvido
abroché imágenes con alfileres
en zonas de la piel
tatuándome paisajes, perfiles,
pájaros levantando vuelo bajo la lluvia
palabras de poemas
consignas políticas.
Tú me abrazabas bailando al compás de
esa música de películas de Fellini y
yo reía
reía como hace tiempo que no me escuchaba reír
con mi risa
cortaba/ recortaba
cosía los minutos
para construir esta escena
que ahora – por fin –
es común.

Un ángel al borde del volcán ardiendo

Qué podrás decirme
cuando sea uno bajo la gran luna de polvo y hueso

Miguel Ángel Bustos
Despedida de los ángeles

a Francesca Woodman

Antes de la caída al poema

Durante el año 2000 descubrí las fotografías de Francesca Wood-
man. Fue en la Sala Tecla , en la ciudad de Barcelona, en una ex-
posición antológica. La experiencia produjo un fuerte impacto.
Un cuerpo femenino en estado de fijación y al mismo tiempo de
fuga. Un cuerpo indagando sus límites, su otredad en el espejo,
creando su propia escenografía: puertas, ventanas, espejos, playas;
rodeándose de objetos, animales y flores. Un cuerpo en su pues-
ta en escena, cuestionando su identidad, buscando el marco para
transgredirlo, explorando los espacios y la posibilidad de aparecer
y desaparecer como en algunos juegos de la infancia. Entre mi mi-
rada y sus fotos todo condujo al poema…en su estado más salvaje,
el de crear la otra escena, la de la escritura misma. Los poemas
comenzaron a brotar como fotografías escritas; notas, palabras fu-
gaces fueron el primer borrador de este poemario. La imagen huía
o tomaba zonas fijas del papel en su intento de pasaje de un código
a otro. También en este proceso de traducción se jugó la entrada
a otras lenguas, al francés, de la mano de Alejandro Maudet y al
inglés, de la mano de Lizz Henry. El diálogo con los traductores
afianzó el lenguaje, otorgó sentidos nuevos a su proceso de escritura
y agradezco enormemente la riqueza que produjo en los textos ya

definitivos. Surge así, algo de la imposibilidad y de la posibilidad de traducir la foto, con ese 'plus de sentido' que otorga la acción poética, en este caso, mi intento de transformarla en poema.

Un ángel al borde del volcán ardiendo no es más que eso... un ensayo de vuelo, una huída, el cobijo del cuerpo poético en su más pura desolación, como el cuerpo de Francesca, cayendo...como solo algunos ángeles terrenales, si existieran, pudieran llegar a caer.

Zulema Moret

1

Que ofrezca los pechos
     pechos de espera
    me dijo.
Que del tul y el encaje y el duelo/
     de la puntilla
sobre el pezón/ me entrego.

2

Efímera la puerta
en diagonal
     asciende
alas pesadas
    de animal en celo.

3

Mi rostro
en la exacta geografía
del espacio
sobre el espejo
     de una playa
durmiente su rostro
en la vasta geografía
del espejo

ruge su oscuridad de viento.

4

(foto carnet)

Sobre ese antiguo
cuaderno
de la abuela
triángulos
escalenos
isósceles
agudos
los ángulos
de la abuela italiana

la letra en el rostro
se abandona.

5

Rasgar los vestidos
despojar la cintura
arrancar los brazos
     con heridas
     con sangre
coágulos de la hora en que
       las hadas las brujas
       vuelan
sobre la espesura del bosque de tu pelo

previsible asomo
el del zapatito dorado
    en el rincón.

6

No es el espejo que
con / mueve
el espejo
que se mueve
mueve el cuerpo
un espejo
espejo del cuerpo
Un.

7

Las calas blancas
la cal
de la cala

blanco el cruce
del cuerpo
contra la esquina
blanca
        de cal.

8

La máscara
blanca
sobre el sexo
dormido.

9

Cuatro pechos
dos rostros
dos vestidos con florecillas
una pared rasgada
tres zapatos con tacones
¿ y el que falta,
dónde está?

El zapatito perdido, ¿dónde está?
Díme, dóndestá…

10

Para
despertar
abrocho

mi piel
con
pinzas
de
la
ropa.

11

Expulsa tu líquido frutal
    sobre el borde
    del pétalo
    caído
    de la cala.

12

Huye de la anguila
    en el crepúsculo
hospeda su curvilíneo
agitarse
entre las piedras.

13

Salta
se arrodilla
sobre el espejo
arrastra sus pechos
en el filo
destroza

los pezones.
Sólo carne.

14

Las sombras
de las azucenas
dibujan
sobre tus muslos
un viaje
incierto.

15

¿Qué relación existe
entre la corteza del cedro
y tus brazos
bajo las vendas blancas
del poniente?

16

De ese rollo
blanco de papel
tu historia
invisible
escapa.

17

Entre el maniquí de tus brazos
aspiré la sombra
sólo una pierna permanece
testigo del naufragio.

18

Escarabajos blancos
tus manos
trepan la pared
desconchada
del exilio.

19

Pregúntale al caracol
qué secretos
murmura
ronronea
clama
bajo la axila
de tu brazo.

20

Insultos
se suspenden
sobre el aire
tiemblan

los aromos
sobre el guante
de tu sexo.

21

Que una pierna no
se entienda con
la otra
sólo
significa
ese absurdo
salto
sobre la
acera íngrima
y sola
del olvido.

22

¿Dónde estás
Francesca /dónde
estás?
Dos sábanas blancas
te sostienen.
Un ángel al
borde
del volcán ardiendo.

23

Del trozo del recuerdo
del fragmento del olvido

de la grieta
de las ramas ya secas
de las flores enrarecidas
de los espejos flotando
de collares, perlas, falda
frunces, pañuelos,
sosteniendo la falta.

En ella todo habla de
lo que no hay
de lo que no
existe aún
siendo imagen.

24

Inclinado su cuerpo
guantes blancos de goma
lavan la historia.

Regar las plantas
que crecen del ultraje
palabras como alambrecitos
circulan sobre
el poema herido
paraguas abiertos
tus pechos
hablan de la desmesura

apuntan hacia un
cielo mudo.

Sobre ser un ángel
sobre ser dos ángeles
sobre ser.

Inclinarse sobre la mano
mostrar el borde de
una espalda
des/vertebrarse
extenderse
tras lo negro
tenedores duplican
su presencia
tras el hombre
despierto en la
penumbra
sólo mano
sólo en la pared
des con cha da
tú vestida de luto
en Italia
en Nueva York
en
tú vestida de luto
en el borde de
las ramas.

La pierna sobre
el sillón
de pana
dialoga con la sombra.

Lo gris

Todo se ha enturbiado para siempre
y no puedo distinguir
ahora quién es el animal, quién la persona.

Anna Ajmátova
Réquiem

¿Qué hace el desmesurado
en el mundo de todas las medidas?
"Poeta", (1923).

Marina Tsvetáieva
Antología Poética

1

Las ratas salieron de la cloaca por la noche
o en el día noche porque la luz del día oscila
entre los grises de las ramas.
Se esconden.
No hay redes ni tejidos por donde circule el agua
ellas beben el agua turbia de la nieve al derretirse
dejan sus huellas pútridas sobre el papel
y abandonan las oficinas.
Durante el día las ratas se ríen de algunos seres
deambulan por un circo ya cerrado
acróbatas y equilibristas de las palabras
caen en desgracia
los someten al inclemente chasquido

de sus dientes
inician el reparto de botines
humanos.

2

Se organizan en cuevas túneles secretos
invaden las páginas de las enciclopedias
exploran incunables
manuales, breviarios, tratados, antologías,
colecciones, mamotretos, anuarios, atlas.
Se detienen en los mapas, buscando un río,
ciudades invisibles con nombres de mujer
alguna bahía inundada donde detenerse
a descansar y tramar la
venganza de último momento.

3

¿Han visto algo más indigno que un grupo de ratas
unidas por el odio y el hambre
con sed de coronas para su grisácea temporalidad ?

4

La amiga le dice
te soñé rodeada de ratas
mucha oscuridad
me dice
alrededor tanta oscuridad
me repite

y un niño vestido de blanco
como un ángel te custodiaba.

5

¿Hay algo más repugnante que una rata
buscando aceptación ?

6

No desfilan ante la luz
como los murciélagos
familiares lejanos
mamíferos que chupan de sus madres
veneno, putrefacciones.
Las ratas académicas son las peores
huérfanas
hijas de madres locas o mediocres
los espejos en los que podrían reconocerse
se quebraron
borrones del tiempo
manchas de islas sobre el azogue
no pueden escucharse
sólo la estrategia común del horror
les permite la identidad
en un tiempo fugaz donde impera
lo gris.

7

Salgo a la luz del día
huele a podrido por los corredores
dentro de la oficina en penumbras permanecen
los restos de
algo de la esperanza marfilínea/ que se quiebra
como una toalla puesta
sobre la máscara del atardecer.

8

Algunos dicen
que después de morder con sus dientecitos
inocentes
se deleitan con los trozos de carne
de su víctima
ratas caníbales
olvidan el camino, se confunden
no pueden con la luz.

9

Lámparas, linternas, bombillos artificiales
para iluminar los trazos que dejan
sobre los corredores
late la sombra de lo sucio, la densidad de lo espeso
en su deslizarse.

10

Hay noches en que parecen llevar grilletes en sus tobillos
o en sus patitas que no se mueven rápidas entre las sombras
esperan lo opaco para atacar
al pobre caminante desprevenido
desde los rincones destinados
al paso de los peatones.

11

No respetan ni hoja ni papel ni texto ni memoria
ni dolor ni pérdida ni compasión
se alimentan de carne de lectores
de páginas de libros
que sólo consultan para
aniquilarlos a dentadas.

Des tro zar lo to do
es la consigna ratera.

12

Ni ratones ni ratoneras
simples caminitos de cuerpos pesados

ayer devoraron a su última víctima
mientras las hojas de las ramas
            anunciaban su defunción.

13

Tal vez quede el veneno
la alternativa del veneno
     para esos cascarudos de odio
     para esa cara de piedra almidonada
     para ese duplicado de ser humano
     para el solidario en el crimen.
Todos devoran papel para no tener que leerlo.
No sea cosa que las letras permanezcan en sus cuerpos
redondos, insaciables.
El peligro oscilante de la letra en los cuerpos de las ratas
i-le-tra-das   des-len-gua-das
en la mente nada ya puede penetrar
del orden del Saber.

14

Me detengo en el rincón, descubro
las fulgurantes huellas que imprimen en los caminos
matoneando a los paseantes
como anunciándoles a todos
que son pandilleras, cobardes (aunque no lo sepan)
porque zás destrozan y se fugan
ratas desletradas desdentadas
pútridas olorosas.
Cómo evitar el destino que se han construido
para ustedes mismas
El del verdugo. Verdugueando en las noches
de luna turbia
     opacado está el día de los
         dioses, dormidos.

15

En el país de las ratas el sabio es un siervo
     callado.
Clara misión de rateras, intentar matar
el deseo del otro.
Desafiar la transparente existencia del agua
de la fuente lo traslúcido del dolor
comer las lenguas
comer los cerebros
trozar los dedos de las manos
para que ya nadie escriba
ni piense ni se construya
en las zanjas detenidas
en ciertos parajes desolados.
Las ratas festejan el último festín
el último banquete de
un nuevo cadáver que acaban
de destruir.
Habitan una zona muerta
esa zona alambrada
con alambrecitos robados en
campos de concentración.

16

Invierten las palabras en su manoseo ratero
juegan con la palabra paz
cuando no conocen su significado
porque detestan los diccionarios
las etimologías que nos
muestran el origen del mundo.

17

Miro mis manos sin dedos
algunas letras se salvan en algunos libros
carroñamente destrozados
para que ella no lea
dicen
castigo claman castigo
porque su letra marca ciertos espacios en la tarde
dejando permear densas rosas violetas

    un cadáver espera
    su entierro.

18

Lo tenemos
ya lo tenemos
gritan victoriosas las ratas
de las cloacas
son académicas, se alimentan de restos de libros
que nunca leerán
atravesadas por su deseo de muerte
salvajemente asesinan a la lectora, trepan por su
cuerpo adormecido como si fueran salvajes
mimosas detrás de la tranquera
a la hora de la siesta cuando reaparecen en la
agonía de la víctima los últimos vestigios de la
memoria de un campo
dormido en el tiempo de la infancia

19

Ese era el tiempo de las ratas de campo
cuando buscaban simplemente comida para lanzarse
a correr por la libertad de los yuyales

tiempo de ratas inofensivas
eso me enseñaron a la sombra de una higuera
claudicante.
No les temas, dijo la abuela.
No hay modo de exterminarlas... son ratas de campo.

20

Pero no estamos en tiempos feudales
las ratas que se atravesaron en la esquina de la vida
son ratas sin luz en sus pellejos resquebrajados
con una máscara sonriente en la cara que
nunca abandonan
sus bigotillos se estiran para ocupar laterales deseos
escondidos.

21

No pueden crecer
son bajitas, con un caminar juglaresco
ojos saltones, sonrisas estiradas de tanto fingir
emiten silbidos trituran la carne humana con la misma
intención que los papeles viejos
no hay afán de permanencia solamente despojar
deshojar desbandarse ante el peligro que se avecina.

22

Alguien camina entre las sombras
parece fuerte
retumban sus pasos en la oscuridad
con callado ritmo de venganza.

Los pétalos de las buganvillas resplandecen
arrastrados por un viento primaveral
que huele a sangre a noche a odio.

23

No pueden formar clanes la
densidad del odio sólo les permite
agruparse si hay víctimas.

No obstante siempre andan de a dos
o de a tres y gesticulan con sus orejas
con los pelos reteniendo polvito de noche
que las hace brillar pero
no por luz propia.

24

No saben danzar, el odio ha endurecido
sus articulaciones los puentes entre
los huesos anquilosados
bailan la danza de la muerte
algo parecido a la ignorancia
con el color ácido del plomo
se desploman con los estómagos llenos

y duermen hasta que se reintegran a ese
simulado grupo de presencias para
reunirse y volver a matar.

25

Quién será la nueva víctima, a quién torearán
interrogan los reporteros en el epitafio del próximo programa
Desde dónde anuncian los megáfonos
sus calladas presencias y advierten a los
amantes de los libros
prudencia / se acercan voraces como nunca.
Una plaga gris en una plaza gris de un día gris
Conviene esconderse no mirar no sea que ataquen a los ojos
y de golpe zás la oscuridad rondando para que la letra
no exista.

26

Escucha
Escucha Escucha

Después del anochecer
prende las velas del cuarto oscuro
o del sótano
algo tiembla y es indefinible y es denso
y es pesado
Escucha   Escucha
si hay ruidos de pasos corriendo

Verifica
Si en el medio del silencio
Escuchas roer.

27

Como ratas de cloacas
se reúnen a escondidas
se alimentan de chismes
pequeñitas
sus rumores huelen a deshechos
humanos

El ejercicio de los traidores.

28

El show comenzó
las ratitas se visten de fiesta
con medias de nylon
sostenes de encaje y vestiditos
de tules ajustados
bajo las luces titilantes bailan el can can
no escucho ni miro
un repicar de dientes en la
trémula oscuridad
me detiene/ como si un policía
me pidiera documentos
y repitiera en una escena detenida
en el tiempo
párese / párese / párese
responda las preguntas
quítese esa máscara de piedra
las ratas continúan su danza
nada las detiene
festejan / celebran
la música continúa
en el teatro del mundo
nada las detiene.
Sólo la Parca.

TRANSFORMACIONES

Pensar que en la representación de las cosas se produce
una transformación es,
precisamente, el origen de la obra de arte. (21)

Alberto Corazón

(HIPÓTESIS LITERARIA)

Si Flaubert hubiera incluido en su bestiario a las ratas,
¿qué hubiera sucedido con los ojos de Madame Bovary?

(EN EL LABERINTO)
otra noche huyen del sueño
buscan al minotauro
en un laberinto que
las enreda y entretiene
se organizan en cuadrillas
matonean y zafan de Teseo
hocicos chocan
contra paredes / muros
insondables
ni musgo siquiera
calma tanta voracidad
acumulada por días grises
de odio
las ratas míticas
desean el cuerpo de Ariadna
para poder calmar su hambre
ancestral
devoradora.

(**Clandestinos**)

Llegaron a la Isla de las Ratas
en una noche muda sin estrellas
un barco clandestino cargado de fantasmas
inmigrantes
desembarcó en la neblina gris
de un invierno agitado por los enigmas
flotando sobre la espuma
de un mar antiguo
alguna vez poblado de oro.
Ante la bruma de la desesperanza
un espejismo flotaba en el agua
un castillo silencioso
se elevaba entre las brumas de la desesperanza.

"Desnudo en la playa",
Delveaux, 1948.

Mal signo ese cuerpo blanco
una mujer huyó
de un cuadro de Delveaux
descansa a orillas
de un mar gris callado
blanca en su desnudez
de muerte / la mujer
cierra los ojos
hordas humanas se trasladan
por la cartografía de un mapa
el planisferio se extiende
accidentes mudos sobre el cuerpo
de la doncella

las ratas la rodean
ella no sabe, aún
que en cualquier momento
comenzará su calvario.

> *-¿Este sueño es un mensaje de los demonios?*
> *-Aquí no hay sueños. En cuanto a los demonios, cualquiera puede*
> *serlo. Incluso tú*
> Giorgio Magnanelli
> *Del Infierno*

Lánguida y blanca su piel
camina sobre el puente levadizo
una hilera de ratas la persigue
no lleva flauta ni flores entre sus delicados dedos
no hay salida para la persecución
las ratas pertenecen a su sueño
arrastra el sueño como
una mochila cargada con piedras en el camino
del río.
Las ratas prisioneras roen las paredes
del sueño
no logran huir
muerden furiosas
cae la baba ante el prometido
banquete.

"El Jardín de las Delicias"
El Bosco.

Asoma por la burbuja
azulada del espacio
cara a cara
un rostro delata
su presencia esquiva
única entre peces, patos, leones
panteras, vacas, caballos,
búhos, ciervos, perros,
conejos, puerco espines, faisanes
híbridos habitantes de las tinieblas
delirio de la naturaleza
un extraño cortejo de hombres
un hombre con cabeza de pájaro
una mujer en una corola rosada
cara a cara
frente a frente
en duelo.
Ella, a la espera,
busca donde hincar el diente.

Un apacible sueño al borde del desfiladero se hizo realidad (73)
Ednodio Quinteros
El rey de las ratas

(SUEÑOS)

Soñar cazando ratones
en la tarde quebrada por la nostalgia
un tiempo imprevisto
una luna herida de sangre
llagas de la noche.

Cuando una mujer sueña con ratones
descubrirá en el ojo de la bestia
el retrato de su enemigo.

(VISITAS IMPREVISTAS)

Visitan las maquetas de Casabere
no hallan donde esconderse
ni huellas / allí no entran
los huecos iluminados de escasas aperturas
encandilan sus ojitos
y huyen con espanto
dos túneles a la izquierda
celdas con literas
el ábside
las nueve torres
la habitación con bóveda de cañón.
lo que perturba no es la presencia de la luz
es la desolación
lo descolorido
la ausencia
ni resto ni excremento
ni guardias ni cuerpos

ni orines
un espacio en estado de pura extenuación.

> *Así me lamía la rata,*
> *me lamía ella, saboreando*
> Rosabetty Muñoz

Crucificaron a la doncella
sus ropajes destruidos
sólo hilachas
rotos restos roídos
arrastran en un carro la cruz
al ruido de las ruedas
se ríen las bestezuelas
festejan por adelantado
el manjar que se impone
ante sus ojos.

(CUENTO TRADICIONAL)

El las guió con su lánguida flauta
al fondo de la tierra.
Lo rodearon
quedó encerrado.

En silencio.

(Cambio de perspectiva)

Salimos al anochecer
bajo la débil luz de la luna menguante
marchamos por caminos
llenos de piedrecitas filosas
ya al amanecer
envolvimos a la víctima en
el silencio que traíamos con nosotros
desde la hora del ángelus
cubrimos su cuerpo con una manta
de gotitas de rocío y la rodeamos
su lento estertor fue al augurio
de un lento festín.

(Relatos infantiles)

De niña me gustaba
imaginarlo vestido de cortesano
como en los dibujos de algunos cuentos
deslizándose por debajo
de mi almohada
para robar mis dientes y dejar
unas monedas a cambio.

No sabía nada del futuro.

(CIRCO)

Cirque Alegre, Francia.
1979

Me tomó de la mano
una tarde de amoroso cielo
y me invitó al circo
un circo con cercas
una tienda sin salida
prisioneros del goce perverso
de los jinetes
las ratas entraban en sus bocas abiertas
fascinadas atravesaban los círculos de fuego
sus caballos dirigidos por la certeza de exhibirse
frenaban justo al límite de nuestros rostros
cuando el pavor se transformaba en grito azul
nos acariciaban las nalgas imprudentes
provocaban nuestro sentido común
la elegancia aprendida en las escuelas de monjas.

Me escondí entre tus brazos
de vikingo, de bárbaro,
proveniente de otra historia.

(DICCIONARIO)

Rata común o parda o de
alcantarilla
negra de los graneros
de campo

de agua
      blanca
almizclera
      de holanda
conejillo de indias
cobayo
hamster
ratón de monte
ratón campestre.

      Qué más da… no soy racista.

(INQUISIDORES)

Trampa
emboscada
cepo

¿cuál de los tres
me tendieron en
esta historia
inconclusa?

(REFRÁN)

Aunque las ratas se vistan de seda

ratas se quedan…

(FOGATA)

Alrededor de la fogata
después de quemar el cuerpo agonizante de Juana de Arco
centenares de ratas se asomaron
esperando ver qué podían hacer con sus cenizas
una corona
un collar
un anillo
un fetiche
un amuleto
testimonio de las mudas
de la Historia.

(RUINAS)

Este hotel fue derruido
En 1870, en 1920, en 1991
O acaso nunca haya existido

José Hierro
Cuaderno de Nueva York

Un edificio en ruinas
clama por alguna mirada que lo salve
de tanta desolación
las glicinas languidecen desde árboles inmemoriales
sacuden su esplendoroso perfume
reflejan su espesura sobre alguna pared descascarada
subterráneamente

laten otros seres
efímeros
apenas dieciocho meses vivirán
las glicinas acarician
algunos ladrillos donde late
todavía
la presencia de lo humano
una memoria
una caricia
una palabra dicha
en la penumbra
una canción cantada
entre susurros
esos dedos que dejaron
constancia
esas iniciales/ esas sílabas
carcomidas
restos / residuas / ruinas
jeroglíficos de un tiempo
ya ido.

(ANUNCIOS)

La policía alemana dio muerte a tiros a una
rata del tamaño de un perro.
La rata, no se sabe por qué
atacó a un hombre de sesenta años.
La rata de medio metro de largo
era tan feroz como un perro de pelea
un gallo de riña
o un vengativo moscardón

rondando las academias, los hospitales,
los psiquiátricos, los balnearios
las casas de descanso
para los nervios cansados.

(INFORMATIVO)

En Irán, inexplicables cambios
de la naturaleza invaden los escenarios
pudorosos
bajo los velos femeninos
unos ojos se sorprenden cuando escuchan
las últimas noticias
unas ratas gigantes matan y comen a gatos
estas ratas monstruosas en otras tierras
son vegetarianas
pero las arenas del desierto
convierten las más inverosímiles
fantasías en pura realidad.

(CUESTIÓN DE NIVELES)

Bajo las alcantarillas de algunas ciudades italianas
se esconden, dicen algunos expertos, veinte millones de animales.
No son nada,
comparados a los millones que circulan cada día sobre la tierra
y no son animales, son simplemente humanos, rastreros, pero
humanos
al fin.

(REFLEJOS)

Ella estaba de pie inmóvil, junto al fuego.
Un fuego fino, lento, de arco iris.
El saltó y le mordió el corazón.
Marosa Di Giorgio

Sobre el lago de la mirada se asoma una ruta
que conduce hacia algún río transparente
en cuya orilla un coro de angelicales
presencias me brinda sus alas desplegadas.
Me alzan sobre el camino de espinas
ratitas hambrientas
quieren morder pero se han quedado sin dientes
morder sin dientes es como subir a un parque
de diversiones paralizado por el tiempo
llenos de telas de arañas, despintadas carrocerías
que nunca albergaron belleza.
Ni el carnaval las salva.

(NATURALEZA MUERTA)

"Bodegón con costillas, lomo y cabeza de cordero"
de Francisco de Goya y Lucientes.

Detrás de las costillas
bajo el lomo
al lado de la cabeza del
cordero / un ojo muerto brilla

asoma el hocico pegajoso.

Mira la barbarie, la crueldad,
la sinrazón
arrojada con furia
yo escribo el horror.

Un destello
violento
una herida
permanente.

Lo descarnado a punto
de extinguirse.

(SOLIDARIDADES)

La luna llena de sangre
geranios reverberan sudores rojizos
un disparo en la noche
la muerta llevaba una ramita en su hocico
la otra, la ciega
temblando
esperaba a su lazarilla.

(Sala de tortura)

a los N.N

Las usaban para colocarlas en los túneles húmedos
de sus cuerpos para que les comieran las vísceras
eso dicen eso declaran las que lograron sobrevivir
al horror a la turba al hambre a la electricidad en
sus cuerpos débiles de soñadores inclementes las
usaban para adentrarlas en el lugar destinado a
los placeres
espacio del deseo nocturno del encuentro de los sexos
esplendorosos en esas juventudes que ahora son sólo
restos enterrados no se sabe dónde
ellas entraban
a la oscuridad de los pasillos de los corredores
luego salían para morir también.

LOS CUERPOS EN CAIDA

En soledad vivía,
Y en soledad ha puesto ya su nido,
Y en soledad la guía
A solas su querido,
También en soledad de amor herido.

San Juan de la Cruz

1

Con el mismo ritmo en el paso ágil
como cayendo hacia atrás
la espalda hacia atrás
ese gesto único de la caída.
el bosque inundado
por el rocío de la mañana que se vuelve lenta.

2

Banquetearle al silencio
mudez la de los cuerpos
en caída.

Kyrie kyrie kyrie.
Y lloramos en rincones separados
la distancia
la imposibilidad del banquete
compartido.

3

No hubo banquete.
Las codornices del cazador nocturno
comenzaron a oler
pedían que las comieran
no había bocas ni labios ni dientes
los cuerpos en caída
oscilando en un aire
que sólo transportaba
recuerdos perecederos
como todos los recuerdos.

4

Insistí en añadirles de cada lugar una esencia.
Un sabor a hierbabuena, a menta, a orégano,
a canela, a clavo de olor, a hierbas salvajes
que justificaran la mesa el mantel las sillas vacías
unos platos blancos sin nada para comer
qué banquete es este sin tesoros
para degustar
para cubrir ese ojo que se contrae, se dilata.
Y la pupila oculta su color de muerte.

5

Suavidades de vos que ocupás los
Disparos de la noche como fiebres
Donde consuelo pone tu parlar
Como llama labrando mi palabra
                                    Juan Gelman,
                         "Cita XL" (Santa Teresa)

El banquete de la noche se ilumina
con las estrellas en duelo
nada calma el dolor lacerante
de la carne
ni la indigna caída del día
resplandeciente de susurros
que encandilan.

6

Los domingos banqueteamos
con miradas aviesas
que escapan al murmullo de voces
devoradoras
nada puede calmar esas bocas
no hay alimento ni
mito ni símbolo ni hostia
que calme la maledicencia
de las bocas llenas de cardos
hortigas pinchos húmedos tras sonrisas que
se ocupan del vecino.

7

No hay domingo ni sábado ni día de la semana
que llene la falta que ha dejado esta imagen
del amor.
Un hombre una mujer con el mismo paso
y ritmo parecido se encuentran
se miran
sin tocarse saben que sus hilitos
del alma están atados como esos ramos
de flores que no logran zafar
ni al viento imberbe de la tormenta
permanecen los hilitos del alma
los sacuden, los intentan cortar
los hilitos del alma unidas las almas de gacelas.

8

Desandan las etapas del mundo
comentan acontecimientos fugaces
se quemó la comida
no compramos el agua
las frutas se pasaron
huele mal en la nevera
algo huele mal
la Historia huele mal.
La historia de las prohibiciones huele mal.
Huele a inquisición, a vasallo, a amo, a culpa
a condena.

9

No hay fecha ni invitaciones para este banquete
suspendido
en la noche oscura del alma
mientras tú amado / en mí amada /
suprimiste la mirada
los ciervos asesinados en los bosques
las selvas contaminadas de la esperanza
los prados en serena geometría
los ríos que no pueden calmar la sed
del sediento / ni / de la novia
a la hora del encuentro de los cuerpos
en caída los cuerpos en caída en la noche de los tiempos
como sobre las picanas las almas sobre las picanas
humedecidas por el poder de una casa ya
caduca.

10

Miserere / Miserere
sin baquete
mi amor
sin banquete
nos hemos quedado
sin la fiesta ni el encuentro
ni la danza de la piel
descubriendo su
perfume
el más delicado
el más tenue
el de la cierva y el cervatillo
y la paloma y la miel y la alondra

y la almendra y ese cuerpo en caída
contra el viento del espíritu
que nos envuelve
nos protege una vez más
de las durezas de la vida.

11

Confortadme con pasteles de uvas
Reanimadme con manzanas
Porque enferma estoy de amor

Sin banquete en esta primavera
llamo a la puerta de tu casa
está cerrada con canceles
de castillo de fortaleza de palacio
en ruinas
llamo y repito
vamos a banquetear mi querido
mi alondra
mi oscura noche del alma
salgamos a caminar por ese bosque
contaminado
ríamos limpiemos con nuestra risa
la oscuridad de los rincones
la nave nos espera
caminemos por la nave principal en penumbras
por esa iglesia
con cúpulas enmohecidas por los siglos
no habrá huéspedes ni festejo ni rito
ni liturgia ni ceremonias
la soledad será nuestro alimento
llamo a la puerta de tu casa
cerrado me dicen.

12

Nada.
La noche reinicia su rito inclemente
busco imágenes a las que sostenerme
en la ceguera de los días.

13

Banqueteemos te digo
hagamos una montaña de libros
diccionarios
incunables
biblias gastadas por el tiempo
acaricia ese papel tan blanco
es el banquete de la palabra
leamos juntos
tu mano sobre la mía y la mía bajo la tuya
sólo nosotros podremos leer
el libro de la vida
la que no se pudo vivir.

14

No te ofrezco mi cuerpo latiendo en la mañana
este dolor del alma
tan antiguo / me persigue hasta en los sueños.
nada puede ser
bastaría un sí, con perfume de lilas salvajes y
envuelto en esos lirios que cantaron los poetas
bastaría una escena, el marco de una escena
para construir el drama de dos personas

que se aman / de nuevo / seres que se aman /
de nuevo / la repetición / la insistencia /
seres que se aman. Nada original por cierto.
No puedo ofrecerte mi cuerpo
lleno de heridas, con cicatrices de guerras.
No puedo prometerte ni las esencias del amor
ni las esencias del goce.

Has cerrado la puerta.

15

En mi lecho, por la noche
Busqué el amor de mi vida
Lo busqué pero no lo encontré dijo Ella
como Ella, la paloma, la gacela en el monte perfumado
me refugiaré
entre murmullos.

16

La cena que recrea y enamora
San Juan de la Cruz

Comed y bebed
resuenan las palabras en la densidad del paisaje
a la mañana, en los bordes oscilantes del
amanecer.
Y no hay comida ni bebida

deambulan los niños por las ciudades
hambrientos
revuelven los tachos con basura
extienden las manos en señal de hambre
abren las bocas con dientes gastados
de no comer.

17

Comed y bebed
nos dicen
y nosotros ausentes atados con cadenas
en el castigo a una desobediencia
que nos ha dejado mudos.

18

Del banquete ha quedado sólo una
ruta que borraron los vientos del desierto.

19

Del banquete se vislumbran
las huellas de los pájaros en la nieve
del norte.

20

Del banquete estas migajas
que hablan de un amor
sin palabra, ni texto.

21

Del banquete este dolor
el mareo
el vértigo
los vómitos de un manjar
que no se llegó a comer.

22

Ponme como sello sobre tu corazón
Como sello sobre tu brazo
Escribe caligramas en mis muslos
curvetea con el cincel mis pechos
redondea mi cintura con antiguas
plumas de escribir
envuélveme en papiros antiguos
momifícame como a Evita como a las
reinas de Egipto
blanquéame las manchas de la piel
borra el mapa
borra el resto que queda de esta vida
sin ti.

23

Porque es mentira que el amor es más fuerte
que la muerte
es mentira.

24

Cada palabra que hemos leído en terrazas
en arenas movedizas
en bares de mala muerte
en celdas de conventos mal habidos
en monasterios con voces de santos oscilantes
cada palabra que hemos leído sin mirarnos
ni sabernos
cada palabra ha construido una historia secreta
como esos pasadizos en la historia de occidente
donde aún encuentran esqueletos de niños muertos.

Quisimos nacer un niño vivo,
que hablara de historias posibles.
Este texto amor se repite,
se repite en la era de los fractales,
rodeados de computadoras que mienten
y banquetean mensajes perecederos.
Borra la letra borra
que nada quede de esta fantasía
que nada diga de lo que la historia sepultó
como restos de amores imposibles...
en siglos que caminaron otros amores.

25

Los textos secretos de la historia
en el nombre de un Dios que pocos habitan.

Banqueteemos los restos
los huesitos cansados que ni siquiera llegaron a vivir.
El tiempo transcurre entre ahogos.
Vacilante respiración/ sólo quien agoniza
sabe.

26

Salgamos al jardín en la mañana húmeda de silencio
las campanas tocan al ángelus
de un cielo partido
como los de esta tierra
cielos sangrantes cayendo hacia un lago
hecho trocitos.

27

Ignorantes se quejan los pájaros del pantano
los juncos sacuden su bien / estar
miro fijamente el transcurrir del día
una hoja se detiene sobre mi hombro
y hombrea el horizonte de la tierra
arenosa / casi seca.

28

Entre los pliegues de mi corazón
voy a cincelar
las iniciales de tu nombre
como esos gestos adolescentes
sobre los troncos de los árboles
bosquejos de eternidad.

¿Qué queda de la letra gestada sobre el tronco?
¿Qué queda de esa mano huyendo de mi mano?
¿Qué queda del día y de la noche y del rocío de la mañana
¿Qué migajas echaremos a los pájaros al atardecer?
¿Migajas de amor?
A / mí / pájara herida
¿Migajas de amor?

29

Desde el punto más extremo de este universo callado
gritaré
sobre las montañas sordas / nadie escuchará
este quejido del almita triste
rebotando sobre las rocas cansadas
desde esos puntos extenderé mis alas carcomidas
por la espera.

30

Si lo más importante de nuestras vidas es el Amor
¿por qué huyes de él
qué forma construyes para esa extraña confesión
del alma sola?

31

Ni el suspiro alcanza a despertar
tu corazón
tan enardecido de miedo como
las rocas del desierto donde un día oró ese Padre que
proclamas con la voz del día.

32

Hay un mirar que ve lo que el pliegue del día
oculta
un mirar avieso, torcido
de animal en celo
de exilio
de nómade figura contra el viento del desierto
ese ojo / esa mirada
teje instantes fugaces, movimientos de aparente
equilibrio / con ese ojo
te miro.

33

Y es tu voz apenas susurro la que dice
penetra en mi sueño para repetir marcando
las sílabas con extranjero acento
falta poquito falta poco ya poco
y me despierto preguntándome sobre el misterio
de ciertos mensajes.

34

Despojar esta historia de todo disfraz
de todo ornamento de externas y ostentadas
imágenes
dejar el gesto desnudo / como en caída.

35

En el diccionario de la real academia
buscabas el significado de la palabra final
me perdí entre el huevo y la roca de un
sermón que quedó inconcluso en la mañana extranjera
compré una serpiente de plástico para recordar
los cuentos con demonios y castigos de las
vidas de los santos que leía en mi infancia
los libros eran historietas dibujadas
se deshacían al calor de la tarde en la casa
de pueblo
invitaban al sacrificio y al ideal de una vida
que luego abandonábamos mientras pintábamos
con lápiz labial los labios juveniles
y de negro los ojos
existenciales sin Dios.

Salíamos a andar en bicicleta,
construíamos trofeos con el brillo de las luciérnagas en la noche,
 el cantito rasgado de los grillos perforaba las horas.

Todo olía a sospecha.

36

Mi cuerpo un bodegón cansado
ni bandeja ni plato ni cubierto
apenas esas migajas del pan
cuando abro mi boca expectante
para el sagrado acontecimiento.

37

Lo noble y lo innoble
lo de arriba y lo de abajo
las manchas y la purificación
la frontera
las uñas, los pelos y la sangre
el cielo el infierno en la tierra
todo se refiere a una distancia
a un espacio
a dos polos, dos ejes
que amor dis / trae.

38

Tal vez un ron con naranja
pudiera convencerte de ese paso a dar...
a no / dar
para que tus brazos me rodearan
sin dolor
sin miedo
y banqueteáramos la vida.

CONVERSIÓN

Yo pondré en ustedes mi aliento de vida y ustedes revivirán;
y los instalaré en su propia tierra.
Entonces sabrán que yo, el Señor, lo he dicho y hecho.
Yo, el Señor. Lo afirmo.

Ezequiel 37:14

LOS HUESOS SECOS

Mira el valle hermanito
los huesos secos de la muerte
bailan
su danza macabra
blanca la tierra
seca
montañas de huesos
brincan por el dolor de los días
dónde dios pregunta
dónde
más allá
cuerpos anónimos
caen
cruzan la frontera
entre arbustos y animales ponzoñosos
blanca la tierra
pronto huesos secos serán
mira el valle hermanito
los huesos brillan en la noche
sin esperanza.

Sólo Dios.

LA FAMILIA

No hay mejor banquete que el de la mesa
sin lujo ni pretensión.
La sopa de tus manos hermana mam.
Las risas de tus hijos hermano mam.
La bendición de la comida en tu mesa
santificada por tu fe
la Presencia y la Luz
nos unen
más allá de los contratos de sangre
compartiendo la mesa construimos
la otra familia.
El reino en la tierra
                    cada día.

LA LEPROSA EN EL CAMINO

> *Entonces dijo Jesús:*
> *"¿No eran diez los que quedaron limpios?"*

Sí, yo fui la leprosa Señor
te busqué en las playas del caribe y
te encontré tras la voz
mestiza de una india ya muerta.
Ella me susurró con acento extranjero
me bendijo y en tu nombre me tomó entre
sus brazos.
Yo era la leprosa en el camino.

Sola.
Tabla lanzada al mar sin sostén
ni país, ni familia ni casa
yo fui la leprosa y tú ungiste mi cuerpo con
tu paciencia.
Más vale una oveja descarriada que retorna
mirando el cielo y la luz que se filtra por
las hojas de los árboles
que 99 en el rebaño.
Yo fui la leprosa y la oveja descarriada
desafiando al cielo.

Tú me ungiste Señor
me honras con tu Presencia.
La india me mira y se sonríe.
Sigue cobijando mis pasos hacia Ti
único destino posible.
Nos encontraremos al final del camino.

UNA DANZA OSCURA

Una danza oscura me rodea
los danzantes muestran sus joyas
los vestidos de marca
solicitan información reciente
títulos de libros y películas
me llaman con gesto seductor
me invitan, dicen, a la fiesta.
Brillan las joyas en la noche
como un tesoro escondido.

Me levanto en puntas de pie
los miro y les muestro
mis manos
sangrantes
sangrando
les repito
no puedo
ya no puedo
no puedo.

La noche se los lleva
en la sombra brilla la sangre
todavía húmeda cayendo
de mis palmas abiertas.
Los estigmas / su Presencia.

El final

Luchamos en este nivel de vida
manifestaciones,
a lo largo del camino
al final de todo este juego
poco importará si mujeres u hombres
si travestis o hermafroditas
si homosexuales
todos terminaremos en lo mismo
del polvo venimos y en polvo terminamos
pero al menos… polvo enamorado.

ARTIFICIOS

Construimos paraísos efímeros
los convertimos en islas
en espacios plenos
de suave brisa
los fijamos con fotos virtuales
las palmeras, el mar turquesa, el atardecer esquivo
las parejas creyéndose y construyéndose
espejismos con letra de bolero
se esfuman en la noche
la batería de la cámara se gasta
sólo queda el recuerdo
suspendido de un alfiler
zarandeándose ante la tormenta
y se fragmenta
desaparece ante el viento que lo sacude todo.

TERESA

Nada te altere
nada te toque
camina en puntillas
sobre el encaje de los días
hay huequitos por donde se filtra el viento
feroz de los deseos.

LADRIDOS

Los ladridos de la noche
te dejan respirar
sobre la oquedad de la tierra.

Ese gesto de la creación
traduce el dolor.

COSTURA

Como un temporal
sacudiendo la noche
pétalos de dolor
llueven desde el cielo
del norte
estampan huellas sobre
la nieve.

Algo se enciende
un fueguito lento
cose la herida.

DEL LADO DEL PADRE

A la izquierda
del lado del padre
le cortaron el pecho
le cosieron la piel.

Rabia

Los perros rabiosos
muerden
destrozan con sus dientes fieros
el día de fierro.

Las líneas de la mano

Se restablezca la paz
sobre las líneas de la vida
de tu mano.

Noche de baile

Las luces se sacuden
las farolas bailan
entre los danzantes
recortan trozos de vida.

La visita

¿Quién tocó a la puerta?
La Dama se asoma
más tarde vendré
me dice
aún la ocasión no es venida.

TERESA -2-

Que me quites el polvo de los ojos
Teresa, que me lo quites
para poder percibir la luz
al cruzar la frontera
al llegar a la segunda morada.

Que pueda ver lo opaco
transitar lo oscuro
desafiar los maleficios
porque sólo Dios puede
en esta batalla cotidiana
sólo Él.

EL DESEO

Decía Nietzche es el deseo el que nos mueve
no lo deseado
me despierta el movimiento de la vida
ese pétalo de tu recuerdo cayendo
como hoja de agua en la tarde tranquila
dejando su rastro sobre el estanque mojado
ese estanque
donde jugaba a despertar a las brujas
de la infancia.

Cada vez que pregunto a quien amo
no sé si es a ti, sino a Ti,
escondido
tras lo humano.

LOS PÁRPADOS COMO PIEDRAS

Conduzco por la carretera
es de noche
el coche aumenta la velocidad
no puedo frenar
todo está oscuro
no logro abrir los ojos
me pesan los párpados
las piedras los cubren
no sé dónde me lleva el coche
las curvas se suceden
me entrego.

EL AVISO

Sentada sobre el banco,
con los codos sobre la mesa de madera oscura
rústica, gastada por el pasaje del viento
la india me mira de reojo
mirada aviesa
no habla
apoya su codo sobre la mesa.
Me mira de reojo / las arrugas surcan su rostro
la pata de la mesa se quiebra
todo resbala
la piel oscura, las líneas profundas
el mapa antiguo de la cara
el fondo del ojo una canica blanca
con manchas de café con leche
bailan las canicas en la calma de la tarde

chocan contra mi cuerpo
me mira
la pata de la mesa se quiebra.

UNA INFANCIA ANTERIOR A LA PALABRA...

A Ernesto Cardenal.

PRIMER TIEMPO

Debiera comenzar un poema poblado de imágenes intensas
acaricio tu cabeza desnuda en la noche de la intemperie
cubro el frío de la piel
las rosas moradas se conmueven des/petaleadas
por esta distancia que ni Dios puede explicar.

Prefiero el silencio / Lo blanco de la escena
ahora que llega el invierno y
la nieve cubre todos los caminos sin ti.

Son simplemente espejismos
construidos en las horas que laten y susurran
lo absurdo de su inevitable pasaje, el minutero se desliza
un reloj de arena es menos impetuoso
cae la arenilla y nos quedamos detenidos en
ese instante en el encuentro vano entre ojo y grano en caída
buscando verdades perecederas
como todas las verdades. Apelo a eso llamado ilusión
una palabra perdida en la infancia de los días

cuando todavía latían las imágenes de relatos ficcionales
servían para cubrir ese vacío que nos devolvía a la angustia
al filo de un rascacielos tambaléandonos
de puntillas sobre una cuerda de circo
de ésas en donde los acróbatas brindan la fantasía de vencer el aire
caminaba al ras de esa línea mirando el vacío
tocaba casi las nubes pero no había nubes
un cuerpo rasgando el aire trozándose contra el suelo de la vida

SEGUNDO TIEMPO

Quién iba a decirme a mí que en este lugar al norte de un Imperio
que se cae a trocitos como polvillo de cometas
extraviadas o como estas hojas en otoño que no paran de
llover del cielo de las hojas hasta que desnudas…
Que a la hora en que empieza a llover
la noche quieta y sólo el llanto de la noche
la lágrima asoma despacito y atraviesa la ruta de la cara
hacia un lugar imprevisto.
Miro hacia atrás la frondosa sombra del parque entre las luces
los habitantes diurnos des / aparecen en
algún lugar del bosque
escondido en la tiniebla
retales de vida desfilan en la galería de la noche.
La danza, el cuerpo joven, los encuentros, las manos, la palabra
creciendo en direcciones imprevistas
el cielo de los días el calor sofocante del Caribe el cremat y la
fogata,
esa masía mirando hacia el silencio de unos monjes blancos,
otras rutas tejidas en el surco de la tierra.
Al fondo, como escena callejera en la pantalla
la sangre de los jóvenes -la Guerra- lo inútil de la Guerra
toda Guerra como un llamado estéril
de sangres derramadas tras consignas

que luego no recuerda ni el vecino.
Por eso apelo a la memoria.
Las ruinas de la vieja Europa retumban entre edificios cansados
todo tiembla, todo se quiebra…

En estas lindes sacudimos nuestros cuerpos
ante el auspicio de un huracán, o de un tornado que
den vuelta las sábanas del tiempo.
Los versos de Juan, en la noche oscura del alma
se deslizan también con la ternura del dolor por el Amado.
Tiemblan las horas finitas / mi humanidad se aquieta
en el silencio y pide permanecer entre tanta sombra
pide y se pide espacio huequito para que Dios entre
y haga morada entre los huesos entre las venas
y la sangre latiendo en el ruego callado del alma
un hilito juega a crear simetrías suaves.
Quien me iba a decir a mí que un día en este lugar
entre trocitos de cielo te confesaría: alguna noche
quisiera ir al desierto
No sabía que ellas / una vez / en ese lugar árido y silencioso
elevaron sus plegarias, penitentes, calladas.
Te dije: Sólo quisiera visitar el desierto
poder escuchar su Sonora presencia
el viento arenoso salpicando la piel
¿Despertarán nuestras pisadas a esas
calladas mujeres del pasado tan remoto
que son casi mito / casi cuento / casi opacada palabra?
¿Las invocaremos? ¿Vendrán?

TERCER TIEMPO

Más tarde, en la historia de los signos
los demonios dibujaron con mano maestra

en libros viajando por la herencia de los días
las tentaciones de Antonio orando.
No eran monstruos eran apenas bocetos del miedo
de las mentes de los hombres
el Lenguaje confundía y era sospechoso como ahora.
No eran bombas cayendo de un cielo
impregnando los aires de vicios oscuros.
Padre repito, Padre multiplicado en la plegaria
cuántos padres se esconden
se refugian tras esa palabra Padre
con la que te nombro evocando
innumerables maneras de la paternidad dormida
Padre digo y convoco en ti a otros padres
Padre digo y quiero pronunciar hermano
Padre repito y resuena en la noche
el eco de una infancia anterior a la Palabra.

OTRO AMOR / AMOR OTRO

A Juana Goergen
A P. Steven Cron

Amor el que se olvida de si mismo y apunta al otro que no es igual a
si siendo parte de si como propone el tratado del cuerpo que Pablo
dejara como testamento.
Amor incondicional como el de aceptar que no me amas de la
manera en que deseo ser amada pero aún así te amo desde esta

humanidad dolorosa.

Amor a ciegas como el que nos enseñaron en las telenovelas y radio y teleteatros, o desde la flecha impulsada por ese dios enceguecido que es Cupido. "Me quedé ciega de amor", te confesé.

Amor sin tocarse como el que algunos realizan a través de la esfera virtual sin olerse sin devorarse sin penetrarse, toda coraza, armadura.

Amor a solas como es todo amor excluido de si mismo apuntando al amanecer a la violeta extenuada del amanecer al rocío sobre la piel cayendo en la ladera de la soledad matutina.

Amor de ciudades abandonadas o despedidas desde algun avión que se diluye entre las nubes enrojecidas de olvido no de pasión.

Amor diluido en la Amistad, derramado por entre ríos que fluyen por los cráteres de las calles llenas de agujeros en los barrios perdidos de la memoria. Amor de animal a animal, cuando basta la Mirada para decodificar mensajes. Amor el de mis gatos a lo largo de mi vida no felina.

Amor inolvidable amor como dice la canción de la película en la que cuerpos traficados deben bailarla para exponerse al más salvaje de los intercambios al del no-amor, el del cuerpo convertido en mercancía.

Amor sin juicio ni celos ni música. Austero como las catacumbas en donde otro Amor se escondiera frente a la barbarie o al desconocimiento acogiendo a los primeros cristianos.

Digo Amor y aparecen ellos como partes del cuerpo de Cristo bailando, celebrando a cada momento la fundación de la vida, la construcción del Reino, plantando semillas de esperanza, en familia, en común unidad, mano a mano, sonrisa a sonrisa, lágrima a lágrima.

Digo Amor y desfila Juana de Arco muriendo en la hoguera con la sonrisa del sacrificio en la boca, digo Amor e imagino los estigmas de Caterina de Siena, centrados en esa mano que fue dedo apuntador para evitar la Guerra.

Digo Amor y huelo los excrementos, los restos humanos que oliera Madre Teresa por esas calles malditas de la India, invadidas de pobres enfermos abandonados a la mano del Amor, cuando el Amor se acercara como pura gracia del espíritu.

Digo Amor y Te veo entre choza, cabaña, hospital, salitrero, mina que se derrumba antes los ojos devoradores de la riqueza. Te veo ante los villeros mientras peregrinan sus vírgenes locales. Te veo ante la foto de Pepe Mujica, Te veo Amor del Otro iluminado, en la favela, en el rancherío, en la barriada, en el hospital, en la serena calma que anuncia la muerte o en la serena calma que cierran los ojos abiertos ante la violencia de la muerte.

Digo Amor y aparece Dorothy con sus 75 años en la cárcel en canto solidario con Cesar Chávez por las leyes agrarias y su protesta se ilumina en rayos como los que desprende el Corazón de Cristo, ella reclamando una habitación para otra persona que necesitara alojamiento. Dorothy resucita en cuerpo Amor en cada peregrino en busca de pan, de paz, de cobijo. Dorothy, ella la de la tan larga soledad.

Digo Amor y es cada fragmento de este gran cuerpo al que pertenecemos que se desvanece en partículas mudas frente a los tsunamis, los huracanes, los torbellinos, las inundaciones, los terremotos, desapareciendo entre objetos inútiles que se entrelazan ante el efecto desvastador de la tierra furiosa.

Digo Namaste y de tu espíritu a mi espíritu y viceversa un hilo invisible nos une hasta que la eternidad lo decida. Los nudos, los sueños que nos anudan por la noche, los reencuentros desde zonas que no conocemos, las pérdidas cuando los ojos se dan cuenta del error, de la imposibilidad.

Digo Amor y vuelo sobre la tierra, el planeta amado, miro las costas que alguna vez habité, los mares que me cobijaron jugando a amores futiles como los humanos, digo Amor volando por entre la vida, siendo resto, huella, poema en esta danza final.

CEGUERA Y TEMBLOR

I

La nieve caía
tuve miedo de resbalar
cuando me di la vuelta ya no estabas
caminaba como esas japonesas
con sus piecitos pequeños
a pasitos prudentes
miedo a la caída
la nieve sostenía mis tacones
temblaba.

Cada vez que mi alma se separa de la tuya
tiembla
no sé si corresponde al misterio de los vivos
o de los muertos.

II

No puedo sostener la Mirada de esos ojos
plomo de mar encabritado
azul cobalto con tenues manchas cálidas
tus ojos / de dónde vienen
de qué vida
de qué otra vida / de qué otra muerte.

III

No conozco el olor de tu piel
no he saboreado su sudor ni su tristeza
en este blanco invierno.
Cuando yo sea sólo polvo de amor
polvo de vida
buscaré tu piel para olerla.

IV

Un amor secreto
Do-lo-ro-so
Como todos los amores.

V

Ahora me dicen que no es a mí a quien amas
que estás muy lejos
dobles mensajes en las tinieblas.
No hay peor ciego que el que no quiere ver.

VI

Más allá de las predicciones
de la idea de un punto final
o del polvo al que vamos porque de él venimos
cuánta tristeza hoy se derrama sobre el lago
dormido.

VII

Todo parece demasiado tarde
tu sonrisa suena en la sombra
como un sueño despierto
con brazo fuerte y certero
como en ese bolero
acotado por la letra,
sin los cuerpos
que tiemblan
en su falsa presencia.

VIII

La nieve el hielo lo blanco
justifican toda imposibilidad.
Frecuentemente
recuerdo: del polvo vienes / al polvo vas.
Nada que hacer, mientras tanto...

¿Qu
é
nos
llevaremos?

IX

Un último consuelo:
que seas tú quien cierre mis ojos,
quien guíe mi alma
quien bendiga este adiós.

X

Visitas mi sueño
las ventanas se abren
las puertas te anuncian
como aquel ángel en Cielo sobre Berlín
Es war einmal ein Kind es war einmar ein Kind
las luces prudentes se aquietan
me abrazas y murmuras un mensaje
poblado de moscas babélicas.
Es el único espacio posible
sin ley ni tiempo ni condena.

LA MUJER DE LA PIEDRA

INUNDACIONES

El agua arrasa consigo casitas de juguete
muñecas ropa cacerolas consolas de video juego
el torbellino de agua revuelve los recuerdos quietos
sin mesura olitas sin mesura se abaten como alas tristes
enfurecidas por los acontecimientos.
Alas de ira irisan el agua del mar que ya no es mar sino
río enlodecido atrapado entre restos entre ruinas.

De lo habitado por los días
solo escombros cubiertos por la fuerza de las aguas
algunos viejos brindan sobre una mesa que se bambolea
al ritmo de las olas inquietas
un brindis sin copas ni bebidas.

Todo quedó en aguas
el banquete la vida el día la noche inundada de tus ojos
ciegos todo quedó en aguas los libros ilegibles las
hojas rotas y ese barro que se pega a la piel
y nos reduce a restos
        a simples restos humanos.

ESCOMBROS

Luna me espera en esa sala que no reconocemos
ella huele por los rincones buscando una pista
un hueco alguna salida para ese lugar de paredes con

cicatrices.
Afuera se escuchan algunos ruidos irreconocibles
escombros en obras de falsas construcciones
nos hemos extraviado de lo humano
nos adentramos en la selva de los restos de alguna
habitación de una casa en ruinas
que ni mi gata logra atravesar
nada permanece ni un gesto
entre casas derrumbadas por torbellinos huracanes
buscamos la hoja, la rama, el pájaro, la salvación.

GOLPES

El dedo recibió el impacto del golpe sobre la uña
el cajón, la furia del objeto sobre la piel dejaron
su residuo de sangre, un laguito opaco en la
textura de lo adusto.
En el avión hacia el origen el lago seguía estancado
en una mancha prisionera
devinieron algunos acontecimientos al ritmo
de los días.
La muerte de la madre los mataderos políticos
las repeticiones los encuentros con amigos
que se consideran viejos las bromas repetidas
algún fulgor en la mirada
las caminatas solitarias
el frío entre los huesos las misas en la penumbra
de algún templo vecino
el espíritu aprisionado en el cuerpo
enfermo la madre en el féretro su corazoncito

cortando el hilo de los días
la soledad la tremenda soledad de los velatorios
sin flores ni memoria
la sangre en el estanque del dedo aprisionada
ha ido desplazándose hacia una salida
la tijera recortó y sesgó el lago.
Hoy ya no está sigue el dedo impasible la ruta
sin estanque ni lago ni mancha
sigue el dolor, la escena permanece estancada en la memoria.
La madre en el ataúd, la madre fría, la madre ya no.
La sangre estancada en el cuerpo de la madre ya muerta.

TERREMOTOS

Todo mi cuerpo es como ese escombro
dejándose arrastrar por entre ramas, maderas flotando
sobre el agua de los días
buscando la luz conocida, atravesando el desierto
este cuerpo furioso, dolorido por temblores imprevistos
piedras, cólicos, obstrucciones, huesitos tristes de la
tristeza pura, enlutados mis huesitos protestan
se enferman se sacuden como cuando la Parca baila
en el Día de los Muertos su danza de muerte.
Baila enduelado por tantas muertes que no pudo llorar.

LA SANTA MISA

Las escenas sucumben y proliferan a la hora del ofertorio
a la hora de la sagrada Eucaristía
a la hora del Aleluya las imágenes se aglomeran
se convierten en río en afluente deslizándose por la cara
a la hora en que viajamos hacia ese espacio buscando la
Luz, el alimento definitivo.
El abuelo mirando la luna y ella sobre sus piernas
aprendiendo las primeras lecciones de la sagrada familia
la abuela balanceándola entre sus brazos a la hora de la
siesta, los brazos de la abuela firmes seguros entre las
verduras, las flores, los bordados, los tejidos, las cacerolas
entre las voces de las radionovelas con juegos sonoros
de caballos aviesos, de gauchos luchando con cuchillos,
de muchachas
llorando en sus casas, de pájaros, de ríos, de miedo.
La tía cosiendo en la máquina los vestidos para la fiesta final
del curso de danzas españolas, pegando puntillas, la tía y
ella jugando a vestir las muñecas silenciosas
la tía movía su pie derecho a la hora de dormir la siesta, ese pequeño
temblor repercutía sobre su cuerpecito infantil.
Durante años repitió con su
pie el mismo movimiento de su tía.
El mismo que dejaba sus signos de puntuación
sobre los broderíes, encajes, satenes, lentejuelas, piqués.
La madre en el piano, la madre sin caricias ni palabras de amor
la madre en el piano contagiando el único código posible de
la felicidad entre ellas: esas partituras flotando en el ambiente
de la tarde de campo adelantaba recorridos futuros por museos
por libros por imágenes que las unían.
El padre yendo y viniendo, atravesando las galerías
De los barcos y de la casona familiar.
El padre con sombrero y valija y ternura

y esa infinita soledad a la que me exponía.
Esa soledad de sombras y nocturnas amenazas por los techos
poblados de comadrejas, animales de campos, posibles fantasmas.

LA FOTO

En la foto al lado de mi cama
con sus trajes de fiesta,
los cuatro abuelos, la madre el padre la hermana
y ella en el centro,
con el vestido blanco de *broderie,*
el de la
Primera Comunión.
Y ella en el centro
mirando de costado
como espiando al futuro.

LA VISITA

La veo joven, sin arrugas
un pantalón beige una remera beige
parece verano…
Llevo una maleta blanca en mi mano derecha
me acerco y le pregunto si la necesita
me dice que no, que no sale de viaje.
Hay silencio, lo blanco lo inunda todo.
Ningún gesto que denuncie tristeza o
alegría. Esta aceptación de estar sentada

como a la espera de algo… o alguien.
Necesito seguir viaje, le digo.
nos miramos, y le aviso que vendrá la
peluquera para cortarle el pelo
un poquito nada más,
melenita, me dice.
mirá que le gusta cortar, se entusiasma
y corta.

EL SAUCE LLORÓN

Sobre esos escalones de la casa de madera
me siento sola, mi cabello como un
sauce llorón cae hacia el último escalón
acariciándolo.
Las lágrimas se detienen entre las grietas
de la madera.
Las paredes de la casona estaban agrietadas
pura cicatriz.

FUNERAL

La Muerte
hospedándose en esta casa de los vecinos
las sillas vacías
esperando gente que venga a despedirse
nadie viene

las sillas vacías
reclaman la presencia de algún familiar
algún amigo
alguien a la hora en que la Muerte
entra a la casa y todo ocurre de repente
sin previsiones
me asomo a la sala con mi cartera colgando
del brazo
pesa este bolso en el que llevo la vida entera
en piedritas de instantes
me siento y me presento
extiendo mi mano con guante de encaje
el hombre se quita el sombrero de copa
y el pelo negro, liso, acompaña
la ceremonia del saludo
con el que me da la bienvenida
¿Conocía al muerto? Me pregunta
mientras sostiene el sombrero con una
mano y con la otra intenta aflojarse
el nudo de la corbata.
Yo no sé nada del muerto
no conozco esta casa,
tampoco sé dónde estoy
repito los movimientos
me levanto, estiro la cabeza para
ver la cara del muerto en el féretro
y descubro que es una mujer algo mayor
no la conozco, le digo.
Me levanto de nuevo con gesto
de fingida elegancia
me marcho, anuncio
sólo vine a ocupar esta silla vacía
el vacío, sabe, cuando lo descubro
me molesta.

Pasaba por la acera oliendo a jazmín,
me asomé por la puerta y vi la
silla vacía,
por eso me acerqué y me senté.
disculpe la intromisión
le aclaro mientras me estiro los guantes
preparo mi chaqueta, salgo de la casa
es tarde, me digo, mirando el reloj
la fiesta comienza en media hora.
Desde la distancia
alcanzo a ver la calvicie del hombre
despidiendo a esa mujer
que según me contó
si no entendí mal
lleva nombre de flor.

SIGUEN LAS RUINAS

Ramilletes de algas verde oscuro
se esconden por debajo de los escombros
cuando la perforadora comienza a
buscar agua para beber pues ya no queda
nada sin contaminarse
florecen hacia el cielo buscan el aire que es
irrespirable se enredan
como la cabeza de la Gorgona
y se aferran a los brazos, las manos,
buscando lo humano.

Montañas de cascotes, piedras, se elevan
a los costados de las máquinas, se despiden
de cierta forma de estabilidad
mientras las algas inician su danza por el aire.

ENCUENTRO CON EL BÚHO

No podía ver la luz la luz trepando
por centros de energía bloqueados de tanto
sufrir
pero él esperaba por mi en las sombras de la
noche
amarillos sus ojos miraban fijamente
quietud entre sombras.
Me rodeó con sus alas emplumadas
mientras decía
siempre estaré contigo más allá de los
mitos, de los relatos de las
significaciones vanas
siempre estaré contigo
se iluminó la noche más allá de las estrellas
se confundieron sus ojos con suaves
rayos que nos encerraban en
círculos protectores
un suave calor me envolvió y
no tuve miedo.

El andén en la neblina

Me ordenan que me baje
que es solo un momento
necesitan revisar el compartimento
en el que viajo
los perros lo huelen todo, revisan
con linternas recorren los rincones
ojos al acecho
me bajo del vagón del tren
el andén está desierto, tiemblo
he olvidado la cartera adentro
dejelá dijeron debemos revisarla
desde el andén se perfila la
sombra de la neblina en la noche
se filtran los rayos del farol
buscan abrirse paso entre la
trémula hierba
no logro leer el nombre de la estación.
El tren parte
me quedo inmóvil sin cartera,
ni documentos, sola
en el andén,
mientras el tren parte con las
puertas cerradas
ni modo, me digo
ni modo
el reloj de la estación
está detenido sin agujas
que marquen la hora.

La mujer de la piedra

Las piedras del riñón
los tejidos atados
las vértebras fuera de lugar
el insomnio
las caderas desalineadas
des / centrados
des / ubicados
el miedo, el dolor
la carne, los nervios
los huesos, la cáscara
el tiempo
como un terremoto
el cuerpo desarmado en
cascotes, piedrecitas en el camino
sin inicio ni final
no hay Hansel ni Gretel
ni camino para reconstruir
comenzar por la costilla
por la música por la danza
tímida sobre el suelo
por reconstruir los itinerarios
por transitar la tristeza
sin exagerar
como quien mira por la ventana
de un tranvía caduco
se asoma y revisa
inspecciona sueña y escribe.

LAS FOTOS EXTRAVIADAS

De la maleta extraviada
la cámara de fotos
con los últimos vestigios
del viaje
las escenas recortadas
en el tiempo
que ahora otra persona
tendrá frente a sus ojos
las últimas fotos de la madre
esa ausencia de sonrisa
ese cuerpo cansado
esas manos enlazadas
las suyas y las mías
en un invierno porteño
esa tristeza en mis ojos
sabiendo ya que era una de las
últimas veces en que su
piel arrugada tocara la
mía.

ÚLTIMO ENCUENTRO CON MAMÁ

Pude darte de comer en la boca
el pastel de carne que tanto te gustaba
pude comprar en este invierno
el helado como hacía papá
'de cualquier sabor dijiste
pero si hay limón, chocolate, mejor'
y la lana para la bisnieta que
no llegaste a conocer
y recuperar para la bebé que iba a nacer

unas cuantas camisetas tejidas con
'ojo de perdiz' y olvidadas en
la casa de una amiga del pueblo donde naciste
todo un viaje al pasado
y llevarte a tocar el piano a
tu casa para que vieras como
todo estaba limpio, ordenado
las plantas crecían al compás
de la vida, del agua
tocaste *La Cumparsita* y
dijiste que habías perdido la memoria
que no te acordabas
compramos juntas el maquillaje, el lápiz
labial, tomamos el tecito en una confitería
cercana...
Transitamos juntas en ese
escaso tiempo entre la llegada
y la despedida con mutuos y recíprocos regaños,
otras formas del amor entre nosotras
sonrisas, pocos recuerdos...
Fuimos al cine
a ver a tu actor favorito
las noches se hacían infinitas
en la soledad de tu casa
vacía, sin ustedes sin el ruido
sin el olor a comida sin
mandados, sin quejas
sin complicidades ni conversaciones
sin decirme qué carácter que tenés
siempre nerviosa
sin tus cuadros tus flores que olían
a transparencia
sin las flores que compraba cada semana
para alegrar las habitaciones y

honrar a los muertos
ese viernes pude mirarte sonreír entre sueños
y balbuceando 'viene el barco, amor'
supe entonces, tuve la certeza,
que otro barco llegaba para llevarte
para siempre, del otro lado,
lejos y cerca de nosotros.

SIN MEMORIA

He perdido la memoria
no recuerdo cómo llegué a este lugar
no reconozco el lugar ni a sus habitantes
una densidad angustiante me habita
me pesa la cabeza, el cerebro está
en la prisión del olvido
hablan en italiano
salgo de la casa a un patio no sé dónde estoy
pregunto nadie me responde
de dónde vengo
dónde está mi familia
dónde mi tierra
como llegué acá pregunto
deseo regresar a un lugar conocido
estable donde nada se mueva
pero lo blanco lo inunda todo
y lo amarillo rodea la zona
no hay ruidos nadie parece escuchar
tampoco responden
quiero que me de / vuelvan a mi
lugar de origen

no sé dónde estoy les digo
me siento rodeada
como en una trampa que han tendido
una presa encerrada en un
patio abandonado
buscando la salida
la puerta
para llegar al lugar de partida…

YUYAL

Cuando crecieron las plantas y se empezaba a formar la espiga,
apareció también la cizaña.
Entonces los trabajadores fueron a decirle al amo:
'Señor, ¿qué no sembraste buena semilla en tu campo?
¿De dónde, pues, salió esta cizaña?'

Evangelio según San Mateo
(13: 24-43)

Hoy decidí arrancar los yuyos del jardín
me enojé con el jardinero
yo le había pedido un césped parejito
sin yuyos ni hierbajos inútiles.
En los últimos tiempos comenzaron a crecer estas
hierbas que no conozco
me recuerdan algunas de ellas a las de la quinta de
la casa de la infancia
la abuela se agachaba a quitar los yuyos entre
los tomates, las lechugas,
nosotros mirábamos absortas el proceso
de limpieza.
Sin embargo, en el jardín de mi infancia no
había yuyos, había césped y flores organizadas
en canteros…
Mi vecino moreno, viene de Haití.
Su esposa es americana, rubia y regordeta.
Tienen un niño de 10 años, mestizo, café con leche,
ojos grandes, despiertos.
Me mira y me pregunta si quiero que me ayude en el jardín
a limpiar la maleza.

Yo lo pienso dos veces.
en este país tienes que pensarlo dos veces
antes de incluir a un niño o una niña en tus
actividades. Debes tomar cursos para evitar el acoso infantil.
Yuyos. Le digo que no conozco la palabra
en inglés. Me la repite, pero no la retengo.
Sólo retengo la palabra en mi lengua
materna: yuyo, yuyal.

Entre los yuyales enfrente de la estación
la esposa del jefe de la estación de tren
hacía el amor con el kioskero.

Le digo al niño que sí que me ayude.
Su padre nos mira desde la puerta de su casa y le saludo
con los guantes en mis manos. Los guantes para
trabajar la tierra. Se recomiendan para que no se ensucien
las manos ni se dañen las uñas. Se recomienda siempre
trabajar con guantes. Para todo. No sea cosa de
contaminarse.
El niño pronuncia algunas palabras que no conozco
¿Sabes por qué salen estos yuyos me pregunta?
Y apunta a los frutos semisecos de este árbol que está
plantado enfrente de mi casa y crece, crece, crece.
No conozco su nombre, me dice que las semillas se
llaman manzanas de... pero no conozco la palabra
y no tengo un diccionario a mano.
Otro día le preguntaré a algún nativo que conozca
mi lengua, que me traduzca.

Es una lástima no saber el nombre de este árbol.
importante para mis poemas y para mi vida.
Desde la planta alta de mi casa en invierno
cuando está cubierto de nieve suelo rescatar, recortar

con los ojos los pajaritos que rovolotean hasta el árbol
y desde la punta cantan aún ateridos de frío.
Ese pajarito con cuello y cabeza anaranjados
se destaca sobre la blancura de la nieve.
Este árbol cuyo nombre no conozco
acoge al pájaro y no le cobra ni alquiler ni impuestos
lo acoge, lo guarece, aunque sus ramas estén
cubiertas por completo de nieve.
Por eso lo amo, como amaba Juana a la higuera
aunque no sé su nombre lo amo y lo llamo
Árbol Amor por su solo gesto de cobijar a este
pájaro anaranjado cuyo color como el fuego
se distingue en el blancor de la nieve.

Ellos no pagan alquiler ni hipotecas ni impuestos
pero viven y sobreviven hasta que llega su tiempo
¿Cuánto vive un pájaro?
tampoco les molestan los yuyos porque se esconden
entre los yuyales y comen sus semillitas
entre las hojas erectas del yuyo. Orgullo de su
impertinente presencia.
Huele a yuyo, insisto. Mientras la manguera se erige
en dama y señora de la tarde. Y huele a tierra, también.

He decidido seguir regando el jardín del vecino.
y la vecina. Los que se tuvieron que ir de repente.
Era un jueves a la noche y yo volvía de un
festejo cuando vi que sacaban sus muebles,
sus objetos de la casa. Y me dijeron que el banco los
echaba. Empecé a sentirme mareada, los hubiera
arropado pero hacía calor y ellos son blancos y dignos
y sentían vergüenza, y miedo, como hubiera
sentido cualquiera.
Les pregunté con cierta timidez si tenían dónde ir

pero no sabían. Durante dos días recordé con detalles
los allanamientos de la dictadura, en la persistencia
de los coches —del banco en este caso – vigilando,
controlando, en el contenedor donde arrojar la
basura, los muebles inútiles. En esa época arrojaban
cadáveres al río, al mar o a tumbas comunes.
Las horas pasaban lentas mientras mi vecino blanco,
rubio y educado con un amigo moreno, con el pelo raspa.
vaciaban la casa.
A medianoche les dije que podían ocupar mi *garage*
que el coche podía dormir afuera.
Lo aceptaron. Me sentí triste, yo me sentí echada de ellos
de su aceptada complicidad con el jardín, con los animales,
con los detalles cotidianos.
Durante días me sentí en duelo, en estado de duelo.

Me enduelé… en los días sucesivos después que se
marcharon los controles del banco y yo seguía
recordando los allanamientos de los setenta y ochenta
y no podía quitarme de la cabeza la gente que lo
perdía todo porque antes de morir debía firmar los papeles
de propiedad a nombre de algún ladrón militar.
Toda gama de objetos llenó por varios días mi *garage*
y afuera se exhibía sin pudor un refrigerador.
Algunos negociantes de objetos que quedan en la calle
tocaban el timbre de mi casa para averiguar si el refrigerador y
la mesa, las lámparas se regalaban o vendían.
Yo repetía con la voz tomada: NO.
Volvió mi vecino a buscarlos
ahora el banco puso el cartel acostumbrado para
volver a vender esta casa. No les basta con lo que
ya les esquilaron a los antiguos propietarios, que ahora
quedaron en alguna casa prestada, porque eran vecinos

y buena gente. Yo me sentía segura con ellos.
Cuidaban mis gatos y los amaban.
No basta.

Yuyales crecen en todas partes.
Entre los dientes de la avaricia, entre las uñas de la
soberbia crecen hierbitas que no sirven para calmar
ni curar. No son hierbas para tés, como los que hacía mi abuela
el boldo para, la manzanilla para, la uña de gato para.
No.

Luego fui a la policía a poner mis huellas para unos
antecedentes que me requerían para ser asesora
educativa. Por esto del acoso.
Y encontré un papel que hablaba de sistemas de
seguridad para ancianos.
No soy una anciana, todavía.
Mis vecinos ya no están. Pensé si me caigo
quién se entera. No tengo familia.
Mis gatos no hablan, sólo maúllan.

No me dio lástima mi propio pensamiento.
Mi fantasía; tú caída en alguna escalera de
la casa, sin poder moverte, y nadie llama
nadie sabe de ti ni tampoco va a llamarte
pues en el fondo a nadie le interesas demasiado
sólo para solicitar cartas de recomendación.
Nadie se enteraría de tu drama en tiempos
de vacaciones, como ahora.
Entonces contrata un sistema de seguridad
para viejos. Y eso hice. Después de solicitar
información. Todavía no me convence.
Si me agarrara un ataque y me cayera

en la escalera nadie podría apretar el botón de
aviso. O sea que el sistema no es ciento por
ciento seguro. No hay nada seguro.
Ni los yuyos que pueden cubrir pero que quedan
a la vista, expuestos a alguien que pueda
arrancarlos para permitir que el césped siga siendo
verde, parejo y nada diferente altere el orden
establecido.

No sé si yuyo es lo mismo que cizaña.
Busco en el diccionario y leo
(Del quechua yuyu, hortaliza).
1. m. Arg., Bol., Chile, Par. y Ur. mala hierba.
2. m. Chile. jaramago.
3. m. Ur. Hierba medicinal.
4. m. pl. Col. Hierbas que sirven de condimento.
5. m. pl. Perú. Hierbas tiernas comestibles.
~ colorado.
1. m. Arg. Planta de la familia de las Amarantáceas.

Descubro entonces que yuyo viene del quechua y
me emociona la cercanía con esta lengua indígena.
que venga de otro lugar que no sea del Imperio
que esté contaminado como nuestra lengua
de palabras indígenas africanas
tomate ahuyama cacique caimán

Hay un tango llamado Yuyo Verde.
con letra de Homero y me dice la enciclopedia
virtual que era del cuarenta y cuatro, antes de mi
nacimiento. Y lo busco, porque era uno de mis tangos
favoritos y dice una de las estrofas
"Déjame que llore crudamente
con el llanto viejo adiós.

Donde el callejón se pierde
brotó ese yuyo verde
del perdón.
Déjame que llore y te recuerde
-trenzas que me anudan al portón-
De tu país ya no se vuelve
ni con el yuyo verde
del perdón".

Volveré o no volveré.

La margarita dice sí, no
a veces culmina en sí
a veces nos dice no
el pétalo del perdón se erige en jefe
los yuyos del olvido crecen
en la distancia impuesta por la historia.

Volveré o no volveré.

La margarita, entre los yuyales
muda.

Pero el yuyo no es lo mismo que la cizaña.
¿A qué viniste? Me preguntaba, ¿a sembrar cizaña?
Y me miró a los ojos y me hizo sentir culpable
quiso cambiar la relación de fuerza, la tensión
entre dos movimientos, como en el boxeo.
No, no vine a sembrar cizaña.
La cizaña crece a tu alrededor.
La pregunta sería por qué crece en torno tuyo.
Pero no es el tema. Hoy voy a limpiar mi jardín de
yuyos, como hacía mi abuela con los canteros de
las verduras en la casa de campo.

¿Es lo mismo yuyo que cizaña? Lo busco.
cizaña. (Del lat. zizanĭa, y este del gr. ζιζάνια, pl. de ζιζάνιον).
1. f. Planta anual de la familia de las Gramíneas,
cuyas cañas crecen hasta más de 1 m, con hojas estrechas de 20 cm
de largo, y flores en espigas terminales comprimidas, con aristas
agudas.
Se cría espontáneamente en los sembrados y la harina de su semilla
es venenosa.
2. f. Vicio que se mezcla entre las buenas acciones o costumbres.
3. f. Cosa que hace daño a otra, maleándola o echándola a perder.
4. f. Disensión o enemistad. Meter, sembrar cizaña.

¿Dónde están esos cielos celestes, rompiendo rosados hacia el lago?
¿Dónde están los animales queridos que se lavan unos a los otros?
¿Dónde quedaron los vecinos que limpiaban nuestro jardín?
¿Dónde los que sirven la comida a los que esperan en la fila porque
el hambre…?
¿Dónde la complicidad y la risa desinteresada como son las risas
que nacen del estómago, de las vísceras?
¿Dónde la común unidad de nuestros deseos humanos: la mirada
persistente, el abrazo, la piel, el olor, la cercanía…?

No hay nada que defender porque amar es aceptar también
el yuyal vecino y la cizaña. Amar en serio es aceptar
lo negro lo blanco y los matices
es rogar también por los ricos. Siempre rezaba por los
pobres hasta que me presentaron a un millonario en
serio, no disfrazado de millonario o de nuevo rico
con marcas de modas de esas que 'marcan'
era millonario en serio.
Cuando sentí la tristeza de su energía sin millones
pensé qué horror vivir con esta carga de dinero en los

bancos y en las espaldas. Atados. Sin movimiento interior
más que el de si conviene apostar a la bolsa o no.
Ser millonario no es un pecado, negociar con el petróleo
tal vez lo sea.
Desde entonces también rezo por los ricos para que el corazón sea
de nuevo
de carne, y les haga renunciar a los yuyos de la avaricia
para repartir, compartir, abrir su corazón a la luz de la Presencia.

¿Podrá amar un rico y dejar de ser rico y venderlo todo e iluminar
su alma
para repartir entre los pobres su hacienda ?

Te miran y te dicen 'café con leche', te miran y te dicen 'sudaka'
los yuyos también evocan las opciones de la carne y el deseo
te miran y te dicen 'maricón de mierda'
te miran y te dicen 'tortillera'
¿Yuyitos del lenguaje o cizaña?
¿Dónde y quién?
Un rico puede matar pájaros por esnobismo
un pobre no puede comerse las palomas del
palomar porque tiene hambre.
Los yuyos, reliquias diversas
un solo Dios, el nuestro.
Y todos son hijos de Dios, entonces, los que no son hijos
de este Dios porque nacieron en otra casa,
¿No son hijos de Dios? ¿Son cizaña? ¿Deben ser exterminados?
Las voces diversas, las lenguas diversas,
los niños de la calle
los travestis y los hombres que se casan y adoptan
y salen del armario a decir su verdad de amor
escondido
y las mujeres que se aman y salen del armario
a contar y cantar su amor escondido

los que viven en las periferias de los grandes discursos
en el sótano, en el subsuelo de los grandes edificios.
Los abandonados, los que no tienen hogar, los que
lo perdieron todo. los que odian a los animales, a los
diferentes, al extranjero.
¿Yuyos o cizaña?

CUESTIÓN DE MAPAS

A Cynthia Pech

Mira… me dijo.
Entonces vi el foso del Tártaro,
una gran prisión fortificada
rodeada por un río de fuego, el Flegetonte.
La prisión de antiguos titanes
un calabozo para almas condenadas,
Distinguí entre las sombras
las Islas de los Bienaventurados gobernadas por Crono.
Cuestiones cartográficas
los muertos virtuosos y los iniciados en los Misterios antiguos
moraban en los Campos Elíseos,
podían regresar al mundo de los vivos,
si querían. No era éste mi caso.

Había cinco ríos
hijos obedientes del Hades,
Aqueronte, el río de la pena,
Cocito, el río de los lamentos

Flegetonte el río del fuego
Lete, el río del olvido y
Estigia el río del odio.

Me preguntó dónde deseaba navegar
en ese tiempo sin tiempo.
Elegí el río del olvido,
para evitar cualquier recuerdo
pensé que si me obligaban a regresar,
como ese perro olfateando
un camino conocido,
hacia al lugar del amo,
como ese perro
volvería a la morada
de mi último amor
buscando las huellas de algún signo
una brújula, un gato atigrado,
un espejo con manchas de tinta
una cruz de plata.

Todo conformaba el paisaje extemporáneo
de un mapa extraviado
que sin duda,
pude haber habitado
alguna vez.

CUESTIÓN DE ANIMALES

Los perros Xoloitzcuintle viven en Itzcuintlán
donde todo cadáver debería
cruzar el río ancho Apanohuáyan
para transitar a la otra zona, al más allá.
Para ello, necesitaba la fuerza del perro Xoloitzcuintle,
Criado en vida para tal fin
Para acompañar a los muertos
Le ataban un hilo flojo de algodón
en su pescuezo
No se sabe el color ni la textura del hilo
Cuando el difunto llegaba a la ribera del Apanohuáyan
si el perro le reconocía como a su verdadero amo,
lo cruzaba a cuestas nadando,
y lo despojaba de sus vestimentas mortales.
Pero si en vida,
el muerto no había tratado bien a algún perro,
como castigo, su cadaver permanecería ahí
por toda la eternidad sin liberar su alma,
el tonalli.

En Teyollocualóyan
habitaban fieras salvajes
que abrían los pechos de los muertos
para comerles el corazón,
sin el corazón, el muerto caía en el río Apanuiayo,
en una fosa llena de aguas negras
encontrándose con la lagartija gigante Xochitónal,
Pobre muerto.
No acabaría pronto
su sufrimiento,
pues habría de atravesar todavía un valle lleno
de nueve hondos ríos, el Chicunahuapan.

En Itzmictlán Apochcalocán una niebla grisácea
enceguece a los muertos,
algunos no hallan el camino,
durante su traslado
a través del valle lleno de nueve hondos ríos.
La niebla los abraza, mientras sus lamentos nadan
entre sangrientos gritos nocturnos.

EL PESO DE LOS DELITOS

Llegaron al río Sanzu,
el río de las tres cruces,
con seis monedas
en cada uno de sus ataúdes.
Al séptimo día se asomaron
vieron un puente, un vado y
unas aguas infestadas de serpientes.
Al fondo, latían las estrellas detrás de
las montañas.
Los buenos recogieron las piedras preciosas del puente,
los otros vadearon las aguas infestadas.

Ya en la orilla, Datsue-ba, la mujer, les quitó las ropas
la niebla caía en la eternidad nocturna.

Keneō, el hombre, colgó las ropas de la rama del árbol
de este modo, pesaba sus delitos.

ABECEDARIO FLUVIAL

Afluente
Amazonas
acueducto
bajío
brazo
boca
cauce
delta
Duero
desembocar
embalse
Ebro
fluir
fondo
Ganges
hidrografía
hoya
inundación
isla
irrigar
Jiulong
Karnali
lecho
madre
meandros
márgenes
nacimiento
navegar
Orinoco
orilla
poza
Paraná

Qiantang
riachuelo
remanso
rápidos
Rin
Sena
salida
salto
tributario
torrente
Ubin
Ulka
Wu
vadear
vaguada
valle
Volga
Xingú
Xares
Yang-Tse-Kiang
Yaguarón
zarandear.

ANEXOS CRÍTICOS

LA VIAJERA Y SU RED

Por Esther Andradi

Cazadora de sueños
Colección Torremozas
Madrid 2003

No es la soñadora de Henri Rousseau recostada en su diván en la selva en actitud de espera. Ni tampoco el cuerpo inerme de la razón dormida de Francisco de Goya. La Cazadora de sueños, en su acción de rescate, filtrado y reciclado de pesadillas arrancadas al vuelo de la noche, parece emerger del pincel de la alemana Helene Funke (1869-1957). http://www.helenefunke.at/de/kunstwerke.

Estaba leyendo el poemario de Moret cuando encontré las pinturas de Funke en la exposición Viena-Berlín dedicada a las corrientes de intercambio artístico entre ambas metrópolis, que abarca desde la bisagra entre el siglo XIX y el XX, los estragos de la industrialización y los expresionistas, la Gran Guerra y Dadá, y el nuevo realismo social hasta llegar a las puertas de la segunda conflagración mundial. Expresionista y vanguardista de armas tomar, la Funke, redescubierta en las últimas décadas, pinta en su cuadro Träume (Sueños), de 1913, un grupo de mujeres que parece dialogar con el poema de apertura de *Cazadora de sueños*:

que dejara de soñar / me dijo /
que basta de andar pintándolas /
a ellas/mujeres solas/

(..)
bajo amenaza que tarde o temprano /
te cortarán las alas.

Las soñadoras de Funke son varias, sin hombres a la vista, algunas dormitan y otras están despiertas, a una de ellas, muy lúcida, le han crecido antenas rojas. ¿Sería la cazadora? Frente a las soñantes, una bandeja de frutas. ¿Son las frutas prohibidas que el poema no debe atravesar bajo amenaza? Me impresiona que esta pintora, pionera del expresionismo y una de las primeras mujeres en retratar desnudos, cosa impensable en aquellos tiempos, por más Dadá que una se imagine, haya dedicado una serie completa a mujeres desnudas y danzantes, como los sueños en la vigilia de Moret: libertad, libertad y libertad.

Un conjunto de XXVI sueños cosecha la Cazadora. Sueños que atrapó en su red, tradujo, recicló. Leves, profundos, intensos, vividos, alucinados, deseados. Los sueños de la Cazadora son variados. Pesadillas o ardores, reelaboraciones, elixires extraídos del espanto, filtrados en un laboratorio de mucha vida y cierta mesura. Moret los despliega sobre una mesa servida con veintiséis casilleros, puertas y ventanas, túneles y atajos donde encontrarse con los monstruos de la noche y las hadas risueñas del día, sombreados por efebos del atardecer o por fortuna en madrugadas despiertas. Pero siempre, indefectiblemente, la soñadora está en plena posesión de sus saberes. Saberes de una y de cientas, de emociones en ruinas, de ciudades del olvido, de papeles extraviados, de maletas deshechas y vueltas a armar, de silencios retroalimentados, de deseos recuperados, enhebradas las pasiones en un crochet que va tejiendo su red. No por nada el poemario lleva un epígrafe de Juana Bignozzi, la gran poeta bonaerense, que al igual que Moret, residió tres décadas en Barcelona:

Sobre el sueño de las ciudades amadas
una mujer sigue buscando
la piedra mágica de la felicidad por el saber.

La búsqueda de la piedra mágica es la alquimia de estos

sueños que Moret transmuta en poema. Es Aracne la sabia, la que es capaz de ver más allá y no callarse, aunque no recoge aplausos. Mas bien se la amenaza.

La autora advierte en una nota introductoria que "estos poemas, como las redes de los cazadores", -y como la tela de araña agrego-, "han cumplido la tarea de filtrar, de transformar algunas imágenes que aparecieron durante las vigilias en distintas ciudades". El equipaje de Moret es variado. Sus pasos, habla la biografía, la llevan de Buenos Aires hasta Caracas, llegan a Barcelona, pasan por Alemania, y ahora caminan por USA. La nómade, la que transita por lenguas, del español porteño a los matices del Caribe, atraviesa el castellano peninsular y luego el catalán, para anclar ahora entre el inglés y lo hispano.

"La insistencia en casas vacías", registra Moret, en papeles donde se extravían las direcciones de personas "son como vestigios, indicios de los recorridos realizados". Como un grabado de Piranesi se suceden los muros en ruinas, la figura del padre, las mudanzas:

> para desarmar una casa / en la trigésima mudanza
> (...)
> y decir adiós
> sin mirar atrás
>   a un país, a una ciudad
>   casi una maqueta
>   apenas una escenografía. (VI)

Continúa una reverencia a los maestros /Holan, Gelman, Kavafis/Celan, Sexton, Ajmátova, (VII)

y un homenaje a la letra X en el poema número X. Para comprobar, sin embargo, que tantas ciudades, bienes culturales, procesiones, el nocturno de Chopin, o la pampa infinita

dejaron la misma huella que /tu dedo/ al dibujar/ distraída/ por sorpresa/ un garabato/ sobre la línea/ de mi espalda (XII)

No falta la evocación de los puertos que tocó la viajera con su nostalgia o con su errancia o con su espera o sus delirios (XXIII). Siente el desgarro de no saber Cómo desprenderse de la muñeca rota flotando en el estanque (XXV), y esa lucidez para comprender

de un saque a Thomas Mann, Alejandra, Sylvia Plath, Alfonsina...
(XXIV). Y dale que va, como dice el tango.

Los poemas, concluye Moret, ''no buscan ninguna verdad, no
insisten en ninguna certeza''... ¿Ninguna?

> soy la mujer sin atributos / la que se niega /
> la que rechaza / apriori
> (...)
> destejo del telar del día/los que mis sueños /
> tejen por la noche. (II)

Estos poemas fueron reunidos y publicados en 2003 en Torre-
mozas, una editorial con el prestigio y el catálogo de una historia de
treinta años, dedicada a la literatura escrita por mujeres, y con parti-
cular acento en poesía y relato corto. Pleno siglo XXI, pero la sombra
de Alfonsina y Sylvia Plath sigue oscilando sobre la conciencia, entre
la domesticidad, y el tener que ganarse el dudoso derecho a la vida de
la artista mujer. Como ya lo sabía muy bien Meret Oppenheim, esa
otra transgresora. *Don't cry, work!* era su lema, y Moret lo sigue a
rajatabla. Cuántos poemas en estos años, cuántas mudanzas, cuán-
tos puertos, cuántas lenguas. Ni la imagen de la artista frágil ni la
figura del cuarto propio condice con la nómade. Y sin embargo
Moret le opone al vagabundeo del cuerpo, la solidez del lenguaje,
el rigor de una estética, y el trabajo, trabajo, trabajo, para pulir el
diamante que le ofrecen las horas, los días, los años, a ella, la que
a pie o en avión, aun la perturba La duda en el recorrido vano en
la mitad de la vida agradece una cama a los amigos. Pero cómo
negar un refugio a la viajera dueña de sus sandalias, hacedora de su
camino, escritora en tránsito, entre los mundos, entre las lenguas,
señora de los pies siempre en danza: Cazadora de sueños, para
destilar en poema.

Berlín, Febrero 2014.

FRANCESCA WOODMAN: UN ÁNGEL AL BORDE DEL VOLCÁN ARDIENDO

Por Dante Bertini

Ya desde la cubierta, este pequeño volumen anticipa, aunque con intrincadas pistas, gran parte de su contenido: muestra la imagen borrosa de una mujer que ha dejado atrás sus alas, y, despojada de esos incómodos atributos celestiales, liberada de toda responsabilidad angélica, escapa apresuradamente del escenario de su crimen. Intenta hacerlo saltando hacia este lado del espejo, sumergiéndose en el mundo que hasta un momento antes observaba su vuelo. Dentro, en cincuenta páginas y tres idiomas, las palabras no han perdido sus alas y navegan libres, despojadas hasta la desnudez de complementos y accesorios. Imágenes únicas enriquecidas por la ambigüedad del misterio. Haikus de vocación surrealista, donde la naturaleza humana se funde con ese paisaje desprovisto que pretendía encerrarla, enmarcarla, limitarla:

¿Qué relación existe
entre la corteza del cedro
y tus brazos
bajo las vendas blancas
el poniente?

Frases suscintas, concisas, que más que decir, susurran, esbozan, sugieren. En estos poemas, la voz de Zulema Moret recuerda la de los ángeles cinematográficos de Win Wenders, musitando al oído de los transeúntes berlineses sus secretos mandatos, sus particulares exorcismos. Exorcismos y secretos que solamente podemos imaginar, suponer, intuir, ya que ni siquiera son audibles para el encallecido, nada angelical oído humano.

Un ángel al borde del volcán ardiendo. El título del libro de Zulema Moret nos habla de la más extrema fragilidad al borde del más amenazador peligro. Delicadas plumas de ángel y una piel que podemos imaginar traslúcida, acercándose de forma por demás temeraria a las implacables, nada piadosas, lenguas de fuego. Según nos dice la autora en el prefacio de su libro, esta estremecedora imagen se desprende de una exposición antológica que, en algún momento del año 2000, la Tecla Sala de Barcelona dedicó a la fotógrafa estadounidense Francesca Woodman, quien durante escasos diez años, los que van de los trece a los casi veintitrés, expuso su cuerpo a los ojos de una cámara, experimentando con ambos a la vez. Descubiertas casi por azar, la serie de fotos allí expuestas mostraban a una artista extremadamente sensible en el vórtice mismo de su devastadora creatividad, a una jovencísima mujer presa de sus impulsos autodestructivos, arrastrada por la vorágine de revulsivas pasiones propias que sin embargo eran vividas como ajenas. Siempre al borde del naufragio, presintiendo el cercano e inevitable ocaso, Francesca Woodman se fotografiaba una y otra vez, aunque evadiendo la mirada frontal, el gesto directo, el retrato sin más. La Woodman modelo se niega a mirar ese ojo que la mira, que no es otro que el suyo propio, y en un doble juego de connotaciones esquizoides, se exhibe sin pudor alguno al mismo tiempo que trata de pasar desapercibida, fundiéndose con el atrezzo de sus fotos. En ellas -todas de pequeño formato y en austero blanco y negro- la vemos tapándose con el papel pintado que hasta un momento antes cubría las paredes de un cuarto desposeído; ocultándose tras un movimiento rápido e imprevisto que, al ser apresado por la cámara, desvanece sus contornos; escondiéndose detrás de máscaras, muebles, volúmenes o cuerpos ajenos. "Hago fotos de la realidad filtradas a través de mi mente", escribió Francesca en un pequeño cuaderno rosa que le servía de diario íntimo. En los poemas de este libro, Zulema Moret escribe, o reescribe, esa mirada angélica; transforma en palabras desprovistas de toda puntuación y ornato, en frases susurradas a vuelo de ángel, las imágenes que la conmueven:

> …palabras como alambrecitos circulan sobre
> el poema herido…

También ella, como la muy fugaz Francesca Woodman, se acerca peligrosamente al borde de ese hipnótico abismo ardiente, corrobora ese trágico presagio final del cual se hace imposible escapar:

tú vestida de luto
en el borde de las ramas
la pierna sobre
el sillón
de pana
dialoga con la sombra.

Poco antes de cumplir veintitrés años, Francesca Woodman se arrojó al vacío desde una ventana de su apartamento en el Lower East Side de Manhattan. Dejar de Ser, para unirse, místicamente, a un Todo indivisible, único. Un vuelo final, impulsado tal vez por esas "Desordenadas geometrías interiores", que dieran título a su último trabajo, editado un mes antes de su muerte.

¿Dónde estás
Francesca, dónde
estás?
Dos sábanas blancas
Te sostienen.
Un ángel al borde del volcán ardiendo.

En Barcelona, el lunes 28 de abril del 2008.
http://cachodepan.blogspot.ru/2008_04_01_archive.html

MATICES DE LO GRIS

Por Cynthia Pech

La materialidad de lo gris en la poesía de Zulema Moret desplaza el orden de sus matices al punto ciego que es el punto donde no se ve más: lo gris y su espesor inundan sus versos con ese tono que evoca lo obscuro que abre el abismo del interior de la palabra rata.

La poesía, palabra imantada que despliega la metáfora como posibilidad significante, es, sin duda, toda posibilidad de sentido manifiesta al unísono en la voz que resuena como hilo conductor de *Lo gris*, un poemario que puede ser también todo un catálogo sobre las ratas y/en sus derivas sociales.

Las ratas, personajes centrales de este poemario, asumen un papel preponderante en cada uno de los poemas que lo componen. Las ratas son esa "plaga gris en una plaza gris de un día gris" que Flaubert no incluyó en su bestiario y que Moret destina tiempo y sobre todo la palabra, para hacer de un tema la morada de su poesía.

Las ratas, esos roedores repugnantes que erizan la piel sólo de pensarlos, despuntan la creatividad de Moret para indagar su relación cada vez más cercana con todo despojo humano. El término despojo humano no alude sólo a aquello que el ser humano desecha, sino más bien, a ciertos rasgos que separan al ser humano de su condición humana. Las pistas están en el poemario mismo, prueba de ello son las alusiones presentes a las ratas académicas que "son las peores", por ejemplo; pero también, a las ratas de campo "que se atravesaron en la esquina de la vida" y que "no hay modo de exterminarlas… son ratas de campo".

Sin duda, la poesía de Moret en *Lo gris* es opaca pero cercana. Las ratas han existido siempre, desde tiempos inmemoriales y como blasfemias, en todas partes pueden aparecer como "Veneno, putrefacciones". Y por si fuera poco, su existencia depende de lo humano… Así, esta relación es la que a Moret, me parece, consigue sacar a la luz a pesar de lo que supone la temática. Las ratas, roedores sin luz que (se) esconden (en) tanta obscuridad en su existencia,

"Se reúnen a escondidas/ Se alimentan de chismes/ Pequeñitas/ Sus rumores huelen a deshechos humanos/ El ejercicio de los traidores".

Lo gris está dividido en dos partes. La primera es una reflexión en torno a ciertas características constitutivas de los roedores más abominados por el ser humano y que, de manera paradójica, coexisten en una especie de mutua dependencia. La segunda parte trata sobre las transformaciones que en el mundo de lo simbólico las ratas significan más allá de su ser roedores, tal y como lo alude el poema-refrán: "Aunque las ratas se vistan de seda/ Ratas se quedan..." En este sentido, me parece que la segunda parte configura un orden escatológico de lo social a partir del sentido común que opera en virtud de sentimientos y situaciones universales como el hambre, la migración, la desesperanza, el odio, el miedo, la muerte, la guerra y su presencia en el ámbito literario que conforman, al mismo tiempo, las narrativas de Moret.

De tal manera que la segunda parte funciona también como una especie de compendio de poemas derivados de ¿experiencia?, ¿lecturas? o ¿memoria? que pueden funcionar como testimonios donde situaciones, palabra límite, bordean los versos, la poesía... "Llegaron a la Isla de las Ratas/ En una noche muda sin estrellas/ Un barco clandestino cargado de fantasmas/ inmigrantes..."

Tópicos actuales aparecen en los poemas de Moret que vuelven su palabra una elegía humana que sí, es una cuestión de niveles: "Bajo las alcantarillas de algunas ciudades italianas/ Se esconden, dicen algunos expertos, veinte millones de animales./ No son nada,/ Comparados a los millones que circulan cada día sobre la tierra/ Y no son animales, son simplemente humanos, rastreros, pero humanos/ Al fin".

Sin duda, lo que atraviesa a *Lo gris,* es la reflexión sobre la deshumanización. La poesía de Moret presenta las distintas derivas de ese proceso y que las ratas encarnan... Ratas distintas... "común o parda o de/ Alcantarilla/ Negra de los graneros/ De campo/ De agua..." No importa el tipo que sea, lo que cuenta es que pueda personificar todo aquello que huela a inhumano como lo resume el poema con el que cierra el libro y que la autora dedica a los N.N., esos cuerpos No Nominados que el golpe militar dejó en la memoria que no olvida que: "las usaban para colocarlas en los túneles húmedos/ de sus cuerpos para que comieran sus vísceras/ eso dicen eso declaran las que lograron sobrevivir…"

Pese a todo, *Lo gris* es un poemario que apuesta por la luz, una luz que va dejando ver lo humanamente obsceno en cada uno de los poemas que lo conforma. Las ratas, sin duda, son el pretexto que apunta a tratar de explicar, de alguna manera, que conviven con los humanos sólo por sus desechos y que cuando estos desaparezcan, quizá las ratas también. Matices de lo gris.

Por Cynthia Pech
Universidad Autónoma de México
Distrito Federal, México
Noviembre 2013.

(*) Reseña del libro de Zulema Moret, 2012, *Lo gris*, Ediciones Vox, Argentina, 61 págs.

LO GRIS

Por Mónica Cano

Vivimos un tiempo convulso, y la percepción de su rapidez nos hace más vulnerables a sus violencias. Esta percepción se redobla si quien lo registra vive inmersa en el trabajo pedagógico de la literatura, es escritora y poeta.

Estamos -obviando lo íntimo y personal-, tan dañados por la crueldad organizada, que los intentos de comprender nos atraen a la lectura de *Lo gris* ávidos de respuestas. Hoy más que nunca necesitamos mapas donde registrar los accidentes de la existencia, guías de trayectoria experimentada que adviertan sobre los peligros, compañeros generosos que atenúen nuestros temores con palabras que toquen la canción del corazón, que abra las puertas de la memoria.

A pesar de ello no es grato adentrarse en el territorio de lo gris, siempre estamos apresurados por atravesarlo. Pero la determinación de la poeta nos urge con la contundencia, con la que va a nuestro encuentro. Ha vivido la presencia del mal en el saber, ese regreso a la animalidad, es uno de los rostros del odio. El consuelo es que no estamos solos. Vivos gracias al recuerdo del amor que nos precede, vivos porque en cambio continuo, también nos aliamos con la vida, Estas ratas son rígidas, actúan en la oscuridad, se alimentan de la mentiras, y las palabras con las que verso a verso se enfrenta al mal, están cargadas de experiencia, verdad y conocimiento.

Sabe de las metáforas con las que el arte de la literatura; la pintura; la espiritualidad, han plasmado la presencia de todo aquello que nos deshumaniza. Sabe de las anécdotas que la realidad nos facilita para identificarla en nuestro entorno. Sabe de las heridas de lo humano expuesto a la existencia.

Así, poema a poema la autora revela la presencia del horror interior, enterrado en nuestras cicatrices, adentrándonos en nuestra propia percepción evitada.

Acabada la lectura, salimos de *Lo gris* como de una privilegiada experiencia que acrecienta nuestra sabiduría.

Gratuitamente, con la generosidad que tan solo pueden tener las heroínas, la poeta, con sus revelaciones nos entrega la llave.

Quizás aún más por la incertidumbre actual, leerla es una experiencia del conocimiento, que conforta el corazón y por lo mismo ayuda a vivir.

Mónica Cano
Coordinadora Talleres de Escritura
Escritora - Periodista
Barcelona, 2013.

APENAS ÉPICA

Por Leticia Herrera

Irse es abrirse al mundo pero es también herida, cortadura de lazos que habrá de traer siempre de vuelta al recuerdo cuando menos lo esperemos, cuando menos lo necesitemos, para instalar lo que fuimos, lo que habremos de ser.

Y aunque es ley de vida la separación de la infancia y ese irse alzando sobre los propios pies a atisbar lo que cataremos en la existencia, pareciera que la ruptura violenta que implica el exilio, así sea decidido voluntariamente, le confiere a los primeros años un aura de lecho protector del cual fuimos desprendidos y lanzados al azoro.

Zulema Moret describe *Apenas épica* como "apenas vida, apenas acontecimiento, batalla, hechura, hazaña, ceguera y a veces, deslumbramiento", sin embargo ese registro de versos melancólicos dice más de lo que calla. Habla en un susurro, sí, de las pérdidas que en el transcurso del camino van saltando como hechiceros que vivieran a los lados de la vereda.

La infancia se instaura como tiempo de redención en el que los símbolos y la valía de la vida se han adquirido, para irlos gastando poco a poco al transcurrir los años y los caminos. Como entidades amorosas pero distantes, las figuras del padre y la madre aparecen como las de gurús de vida que dejaron pequeñas instrucciones para vivir. Parece nada pero es mucho, todo, lo que dicen: vive las estaciones que la vida haya de darte, y vívelas con la propiedad de quien sabe que ha de mudar de atuendos, que ha de doblar y guardar lo que ya no precisa, como cambiar de piel:

> No olvidés cambiar la ropa de verano por la
> de invierno y repetir incesantemente mien-
> tras vivas estas acciones. (11)

O más aún, dejar lo más a medio camino para seguir por la vida con la ligereza necesaria para tomarlo todo. Los cambios de atuendo de las estaciones y el descarte oportuno de lo que ya no habremos de usar, como actitud frente a la vida:

> Procurá mantener el alma limpia
> los ojos transparentes los oídos alerta. (12)

Hay inocencia y no, en el trayecto de la vida, y la poeta lo sabe, presiente que siempre se le fueron dando las señales pertinentes de lo que vendría:

> Reclamás
> inocente la promesa
> la piedra que fue ruta
> o anticipo
> crueldad vertida en el sigilo
> puro infierno
> del pan de cada día. (16)

Hay una contradicción que no ha de resolverse, en la épica que Moret propone, pues el mismo término heroico nos induce a pensar en grandes epopeyas, en grandes batallas. Y sí lo son, si nos atenemos a la guerra interna que se libra en la poeta por asirse al mundo, por fundirse en él sin la rémora de lo que hubiera sido un destino distinto. Pero hay el reconocimiento de una íntima fragilidad, una esencia contra la que habrá que construirse de otra forma:

> La araña vaticina destinos quebradizos...
> (17)

Esta recomposición del ser, está sesgada por las pérdidas, el trayecto es una batalla épica en la que la poeta va dejando en medio de desgarraduras, las certezas con que salió de casa, aunque aún son las que la sostienen en la remembranza, en la nostalgia que se cuela entre los versos y los nuevos paisajes, entre los viajes y los seres que la van poblando. Clama por la fortaleza que representa la figura del padre:

> Una voz que se frote

contra los rincones de los seres
que haga esquina
como quien construye su torre de cristal
y la limpia cada día... (24-25).

Pero la certeza es que el pasado se ha de quedar inmóvil, de hecho inexistente ya, como postal desgastada o polvo en los ojos, como simple memoria que nos acompañará y marcará características personales. La sed ha de colmarse y los vacíos han de ser llenados con las nuevas experiencias, con el contacto humano que reblandece, a ratos, la nostalgia.

Vengo del sur
tengo los ojos muy negros
muy despiertos
para mirarlo todo
todo... (32).

El viaje es el mensaje, los nuevos códigos, el nuevo lenguaje que ha de aprenderse y en el que se funden los elementos que la guerrera irá recogiendo por el camino. Desdibujados, mezclados, los elementos que definen el origen y los que se van incorporando con la vida, forman una mezcla en la que prevalece la poeta que salió de casa, aunque su transformación la lleve a la vez, cada nuevo día por otros lares, como un destino cuya meta es el camino mismo.

No se ha de llegar a parte alguna: habrá que entender los signos de ese andar que ha sustituido el destino original, al que se ha "escapado" al irse, y al que sin embargo se añora como certeza, como eso que a tantos obliga a quedarse. No la poeta, que para andar se recuerda como mujer con "piernas fuertes para la monta", esas piernas fuertes que confía la han de sostener en estos nuevos caminos del desierto como la sostuvieron para andar la pampa.

Hay de manera constante, una transformación de lo que se observa, en algo nuevo que el ojo del poeta matiza. Por ejemplo el viento, que está en todas partes, resulta un enemigo contra el recuerdo: se lleva lo que la poeta iba reteniendo para beberlo a sorbos por el camino:

Turba mis imágenes que re/tengo
para no quedarme
sin infancia
digo, sin carrera de sortija
ni calesita los domingos… (33).

La tristeza o la melancolía son elementos naturales en *Apenas* épica, no se escamotea que forman parte de la historia personal, que son registro de lo que ha costado la epopeya.

Una lágrima
una epopeya por digerir
una historia apócrifa
en el lenguaje mestizo de la errancia
y nadie sabrá
por qué cuando escribo
mi corazón se abre y
orillea los bordes del almita. (38-39)

Pero las lágrimas no son más signo de debilidad, son sólo expresión, condición existencial que, bien vista, tiene su signo positivo de fortaleza, que la vida ha enriquecido:

Acumulo llantos
vengo al desierto
baby
a llorar
a iluminar
los sahuaros (29)

Así se pueble la vida de nuevas vidas, el remanente del recuerdo que se empeña, surge siempre y retoca lo que se le cruza, para revestirlo de una naturaleza nueva, que ha perdido sus características originales. Pero eso es, a fin de cuentas, toda vida: un entremezclarse de experiencias, de vidas personales que se van por la ruta compartiéndose, modificándose, influyéndose, enriqueciéndose en el diálogo de los recuerdos y hechuras de cada quien. La poeta se sorprende pero a fin de cuentas, descubre pronto y bien, que su peculio habrá de bastarle para habitar el mundo y darse, como todos, a lo que su vida, su ruta, hayan de procurarle. Y sabedora de lo que ha descubierto, nos lo comparte.

Por Leticia Herrera
Poeta, editora.
Nuevo León, México, 2013

UN ÁNGEL AL BORDE DEL VOLCÁN ARDIENDO

Por Alejandro Gómez Franco

Este breve poemario de Zulema Moret tiene un interés múltiple. Por una parte está el personaje de la autora de las fotografías que inspiraron los poemas. Breve poemario para una vida breve. Francesca Woodman se suicida a los 22 años.

Al comienzo del libro hay un comentario que sirve de introducción y noticia. Estas introducciones suelo saltármelas y en esta ocasión también lo hice, pero luego de leer los poemas volví a ella y a continuación leí la también breve introducción de Zulema donde encontré una especie de lo que se podría llamar plan de trabajo que la condujo de las fotografías a los poemas. Como dice ella misma: "Entre mi mirada y sus fotos todo condujo al poema... en su estado más salvaje, el de crear la otra escena, la de la escritura misma. Los poemas empezaron a brotar como fotografías escritas, notas, palabras fugaces y este conjunto de materiales constituyó el primer borrador de este poemario. La imagen huía, tomaba zonas fijas del papel en su intento de pasaje de un código a otro. También en este proceso de traducción se jugó la entrada a otras lenguas, al francés de la mano de Alejandro Maudet y al inglés, de la mano de Liz Henry".

En ella quiero destacar varias cuestiones que se plantean allí. En primer lugar está la mirada en sus dos vertientes: como visión y como objeto. La fotografía pide ser vista, en tanto creación del fotógrafo es algo dado a ver, en un grado mayor quizás que en la pintura. El fotógrafo nos da algo que él ya ha visto, el pintor no sabe hasta que ha acabado el cuadro lo que nos dará a ver.

Se le aparece ante sus ojos en el momento de concluir tal como lo veremos los espectadores. Si bien es verdad que el revelado de las fotografías puede deparar sorpresas como en la película *Blow up*, de Antonioni, basada en el cuento de Julio Cortázar "Las babas del Diablo", no es menos verdad que lo fotografiado no está solo en la fotografía. Al contrario que en la pintura donde la imagen está solo en el cuadro. Pero esto, quizás, es la particularidad de la fotografía como arte de la imagen. Revelar, justamente, lo que en la escena fotografiada otro ojo que no sea el del fotógrafo no es capaz de ver sino es por su mediación. El fotógrafo al deslizarse por la otra vertiente de la mirada que es la del objeto atrapa lo que la escena nos da ver, es decir, lo que está entrelíneas.

Allí, en esas entrelíneas de la fotografías de Francesca Woodman es donde se alojan los poemas de Zulema. El otro foco de interés en la "Introducción" de Zulema es el que atañe al pasaje de un código a otro, es decir, de la imagen a la palabra. Hay en algunos poemas algo que se conserva de la visión de las fotografías, del primer encuentro con las imágenes, que permite, casi, hacer una reconstrucción de lo visto en una suerte de enumeración descriptiva como en el poema de la página 23. Es un poema fotográfico donde la reiteración de la palabra 'cal' hace las veces de flash deslumbrante que tiene el efecto de difuminación que Francesca Woodman consigue con su cámara.

En otros, como en el de la página 23, que creo se corresponde con una fotografía encontrada en mi búsqueda por los caminos de Google, aunque no estoy seguro, la descripción da paso a la lectura de entrelíneas. La descripción se interrumpe para dar lugar a una interrogación por un detalle que la poeta rescata de la escena. Un zapato que falta. El azar de esa falta se alía con la sensibilidad de lectora de Zulema para producir la huella que deja la escritura del poema sobre el papel. El zapato perdido está en el poema creando sentido y este hallazgo me permite ir a un tercer y último comentario sobre la Introducción de Zulema a sus poemas: la referencia a la traducción. Creo que todas las polémicas sobre traducción se simplificarían mucho si consideráramos que toda escritura es una traducción; escuchamos decir con frecuencia lo mucho que se pierde al traducir pero no se dice nada de lo que se gana. Cuando el fotógrafo fotografía o el pintor pinta o el poeta escribe, tiene en mente una idea más o menos clara, más o menos definida de lo que quiere hacer o decir, pero en ese pasaje de la idea o de la realización, que no es otra cosa que una traducción, siempre algo se pierde de forma irremediable. Pero como decía antes, también en ese pasaje algo se gana, lo que ganamos es la creación. Demos gracias, entonces, a que

Francesca Woodman y Zulema Moret hayan perdido los originales
y nos hayan dado estas bellas traducciones.

Por Alejandro Gómez Franco (Psicoanalista)
Presentación en Aula de Escritores, ACEC
Barcelona, 28 de abril 2008

UN ÁNGEL AL BORDE DEL VOLCÁN ARDIENDO
A manera de prólogo

Por Dr. María Jesús Fariña

Dialogo con los poemas de Zulema Moret que dialoga con las fotografías de Francesca Woodman. Palimpsesto de voces, de miradas, de registros, de códigos. El cuerpo delante, contra, en hacia. Proyección en abismo que se sujeta a las palabras, las traspasa y las empuja enroscadas y eslabonadas hacia la sombra final, última palabra del poemario ya no suspendida sino cercada por el punto. Más allá, la otra forma de esa sombra que es el blanco-silencio, encadenado a todos los anteriores: el ancho de la página atravesada por las junturas- cicatrices-palabras. Signos que inscriben y describen y que además son acciones, cortes, recortes, movimientos suspendidos. El encuadre expulsa, deja afuera de la escena lo que no se quiere mostrar pero al mismo tiempo realza, al enmarcarlo, aquello que la imagen obliga a ver: el elaborado orden (paradójico) de las desordenas geometrías interiores.

Pero cómo medir la superficie de ese territorio, cómo registrar el movimiento, la tensión, el ir y venir de las pulsiones. Los poemas tejen el trayecto de los espejismos, el trayecto de Francesca a Zulema, de Zulema a Francesca. Mirar se ha convertido en ejercicio sin retorno. Es apertura a decir y a decirse, a ex/ponerse. Imprecisa la línea donde se cruzan las dos figuraciones. Las máscaras (sombra, fragmento, reflejo, movido, borrado) no llegan a velar lo enmascarado: enfatizan lo inquietante, lo incierto. Los nombres buscan desvelar, incluso cuando se retuercen: cuando se evocan en sus variantes, en sus similitudes; cuando juegan a derivarse o a romperse, cuando se recogen una y otra vez como fagocitándose.

Un ángel al borde del volcán ardiendo resulta un inventario de ciertos despojos, de ciertas desposesiones, pero es también lúcida y elocuentemente un viaje que transita desde la penumbra hacia la luz, el modo de la conciencia. Sin retorno, igualmente, proyectada hacia ámbitos que emergen bajo el foco de la Mirada, de la memoria (y se escribe exilio, se escribe grieta, se escribe olvido); sostenidos los gestos por las palabras que los rescatan, que los interrogan y los devuelven recargados de sentidos. Los versos (líneas en dispersión, a veces sangradas, a veces seriadas, siempre a manera de escuetas filigranas) inscriben las texturas, los objetos, reduciéndose a lo esencial: filiaciones, negaciones, preguntas, duelo. Hay color: blanco (reiteradamente blanco: el blanco de la cal y de la cala, del rollo de papel, de las sábanas blancas, de los escarabajos blancos de las manos: de la ausencia) y el negro (solo el luto en el poema-síntesis de cierre); hay ternura (algunos diminutivos contrarrestando la violencia); hay límites (ángulos, esquinas, paredes, diagonales); hay actos (despojar, arrancar, agitarse, saltar, destrozar); sobre todo hay rasgadura, incisión resuelta en voluntad de indagar y de crear. Los veinticuatro poemas de *Un ángel al borde del volcán ardiendo* diseñan un conjunto que más allá de los hilos tendidos hacia las fotografías de Francesca Woodman provocan e implican a quien los comparte en el dulce oficio de la lectura.

Dr. María Jesús Fariña
Poeta
Profesora Universidad de Vigo, Galicia, España

LA BÚSQUEDA DEL SENTIDO EXISTENCIAL EN *POEMAS DEL DESASTRE*

Por Edith Dimo

La obra poética de Zulema Moret, ensayista, crítica y profesora de Literatura Latinoamericana, contiene ciertas estrategias que invitan al diálogo y a la reflexión.

De igual manera, aluden a la nostalgia-caos que enfrenta el yo lírico frente a su circunstancia en un mundo incomprensible, pero aún recuperable desde el punto de vista de la conciencia de la búsqueda, aquella que yace en los cimientos utópicos de la reconstrucción de la Historia sin complejos ni avaricias. Por otra parte, esta visión caótica observada desde la perspectiva del ser, también rescata la interioridad del hablante de los poemas y permite una visión del exilio que narra la ruptura del país de origen, proyectando experiencias vivenciales en metáforas "visibles" y "no visibles", siempre con un tono fragmentario el cual exhibe una pérdida, pero asimismo, una continuidad.

Poemas del desastre, es una recopilación de poemas que identifican varios espacios conflictivos en donde la voz poética determina toda una zona definible de identidades y pertenencias, y sin embargo, no se identifica con ninguno de estos espacios. La hablante, aislada de este modo de estas experiencias, descubre la desolación del país ajeno y sus incoherencias, optando así, por plasmar lo irrecuperable en sus versos. La patria, la desesperanza humana, la muerte y la mirada apocalíptica de la vida componen los temas más fundamentales de la poesía de Moret. Unido a esto, lo único que mantiene la fuerza interior de la hablante lírica es el recuerdo, la memoria de lo querido, significado que se lee en un referente personal de gran pesar en los siguientes versos los cuales refieren a la pérdida física de las compañeras: "Empiezan a morir / todas ellas / mis amigas mis siempre amigas / pegadas a mi memoria / como las enredaderas que también / se llaman siemprevivas" (Poema III).

Consciente de la metafísica del espíritu, la voz poética

enfrenta la adversidad y persiste en captar lo inescapable con un sentido vehemente que mantiene vivo a pesar de que las amigas han partido. Esta trayectoria de pensamiento construye y comunica una filosofía reflexiva que la hablante pone en práctica al enfrentarse a su condición de exiliada: ";Qué tienen que ver / estas oscuridades inmensas / cielos premoniciones vastas / conmigo? / Si vengo de otro país / y siempre estoy del otro lado / ahora donde el norte pisotea al sur / firma nuevos tratados / y los esclavos se multiplican" (Poema VIII). En su condición de otredad, la hablante se ubica en la "orilla" de la "de-significación" con el propósito de tratar de descifrar los mecanismos que conlleva el exilio y sus secuelas. Por otra parte, en casi todas las estrofas de este poemario, los ejes temáticos que recurren una y otra vez plantean la problemática de la marginación, la muerte y la ruptura. La Historia, según la voz poética, adquiere el fondo escénico de "lo abyecto". En su recorrido de espacios sociales degradados, la hablante ofrece una visión apocalíptica, casi surreal de eventos humanos incomprensibles, y la búsqueda del sentido aparece intrínsecamente relacionada a la cotidianeidad ya sea cuando la voz poética recorre las calles de una ciudad, o en otro sentido, al descubrir los espacios lúgubres, pero nostálgicos de una casa. Así, se observan por ejemplo, imágenes tales como la de una "mujer dando de comer a gatos" (epígrafe del Poema XI) con una descripción en el poema que refiere de los marginados de la ciudad y su concepto de "lealtad".

El espacio exterior, de este modo, se relaciona con la vida de los cartoneros, y en forma de un monólogo interno, la hablante alude tanto a lo que significa el aprendizaje como la conciencia de la vida del otro: "aprender a dejar la basura / sin humillar / aprender a tener miedo / del otro que nunca fue tan otro / aprender a salir sin carteras / ni relojes / ni cadenas / pero siendo / aún siendo / sintiendo / que el otro existe / ya no saber quién es quién / ni por qué / se acerca de golpe y / zás esa navaja ese miedo / trepando hasta la garganta" (Poema XII). La voz lírica en un acto de interlocución se comunica con los que la rodean con un gran sentido de solidaridad y compasión, acción que denota asimismo su desarraigo el cual al permanecer a nivel del subconsciente, va determinando la continuidad de la memoria y el dolor que sufre el "otro": "mirar las hileras de carros metálicos / antes con comida / ahora / subiendo

a los vagones blancos / mirar los ojos de los niños / mientras otros
no miran / sufrir el dolor en la piel de / gallina / que irrumpe en
el cuerpo / como diciendo / recordando / aún estás viva…"(Poema
XII). La hablante busca en estos versos una respuesta a un universo
opresivo, y en un intento de describirlo, crea un mundo poético en
donde la palabra es fuerza y la voz no calla al formular la denuncia.
En ese intento, también es rescatable el pasado, visto ahora desde
la nostalgia, aunque habite sólo en el recuerdo y en la esperanza.

A partir del Poema XIX, la voz poética se vuelve más íntima
y el espacio de la hablante explora a través del subconsciente el
entorno de la ciudad, y el del hogar abandonado, el lugar del des-
tierro. Dentro de esta visión tan particular del exilio, el yo poético
recorre como un "voyeur" los laberintos urbanos en donde "alguna
vez hubo una calle / cuya dirección podía / retener sin esfuerzo /
en la memoria / la calle es la misma / es esa calle sin dirección / ni
señales / en una puerta / donde dijera / acá es / con número y apelli-
do / con números / bien indicados" (Poema XIX). No obstante, en
ese andar solitario, el yo lírico confronta la ausencia y la pérdida del
lugar: ventanas / arcos / corredores / conducen a un punto muerto
/ como la muerte / habitan / ese espacio / donde vuelvo a mirar
con atención / (por si las moscas…) / el camino se estreche / y me
conduzca / a lo que alguna vez / fue / mi casa…"

La obra poética de Moret combina así, los espacios poéticos
de un yo lírico con aquellos de un "receptor interno" en una suerte
de diálogo entre un yo poético y un "tú" y el cual va asimilando a
conciencia los significados de la palabra. Con un gran sentido de
humanidad, la hablante se sitúa ante una disyuntiva existencial que
trasciende el ser para perpetuarse simultáneamente en el otro, en el
contexto de la ciudad y sus habitantes: "A la salida de las muertes
presentidas / las hileras de cartoneros / construían un nuevo escena-
rio / para la ciudad / el miedo apretaba los corazones peatonales / y
llorábamos la disolución de algo siempre habitado." (Poema XIV).
La voz alternante de la hablante lírica una vez más aparece al final
de la estrofa y establece así una correspondencia entre "concepto
e imagen" al proveer a la palabra misma una "dialéctica de la exis-
tencia": "Pero ahora es nuestro / un pan nuestro para cada día / el
pan nuestro de cada día / la canasta con comida / en la puerta de
las casas". Más aún, la voz poética se individualiza en un ejercicio

regresivo de alienada subjetividad, y en ese ámbito reaparece el suje-
to lírico que transgrede a la memoria para caer en el silencio, en un
total nihilismo: "Nada que encontrar / Nadie a quién llamar / Sólo
lo blanco / esa palabra merodeada / por los esquimales / veinticinco
veces / o treinta / para nombrar la nieve / Poco importa / mi gato /
me abraza / porque comprende / sí / que algo / compartimos" (Poe-
ma XXI). De ahí, que ese "Nada" o "Nadie", aluda de igual modo
al proceso creador, como ha señalado Gastón Bachelard en su es-
tudio fenomenológico de Freud el cual relaciona la creatividad con
la actitud contemplativa y casi sonámbula del que crea, aventura
poética en este caso, que se ubica entre "el inconsciente y la razón".
Y es que la obra poética de Zulema Moret se proyecta oníricamente
en la significancia del verso.

En los fragmentos que corresponden a los Poemas XXII a
la XXV, los versos reflejan un tono sumamente nostálgico, y pro-
ducen una tensión entre voluntad y aniquilación. La ambigüedad
que existe entre pasado y presente conecta tiempo y espacio en un
lenguaje reconciliador que incluye las imágenes de la niñez y la
figura de la madre. Ésta, representa asimismo un mundo caótico
proyectado en el país herido y ajeno: "Hacia atrás / mi madre / ten-
dida al sol / lee sus partituras / nostalgia una lengua / o tal vez unos
ojos / y el sauce llorón / sombrea su figura joven / ajena a nuestras
infancias solitarias". Así, la imagen de la madre queda desligada del
universo de la hablante dentro de su propio exilio interior. Otro de
los sub-textos recurrentes en estos poemas, es el cuestionamiento de
la fe religiosa. En forma de "Encuesta" breve, el Poema XXIII, en-
foca la formulación de preguntas dirigidas a un "receptor interior",
mientras que el nivel del significado permite identificar el mensaje
de la hablante por medio del referente personal, "Ud. /Uds.". De
este modo, en uno de los versos de esta estrofa se lee: "¿Cuántas
bombas autoriza Ud. a arrojar: para preservar su fe / para proteger
su país / por su propio bien / por lo que le hicieron creer que es
su propio bien". La respuesta queda de parte del receptor el cual
proveerá las opciones a seguir dentro de la realidad implacable del
mundo moderno.

En "Poemas a la psicoanalista", lo rememorado aparece nue-
vamente en el diálogo entre una paciente y su psicoanalista la cual
es partícipe del naufragio de la voz poética. El espacio interior aquí

se exterioriza en los consejos de la mujer quien influye con unas imágenes en "blanco y negro" en la "psiquis" de la hablante: "Ella que conoció / Casi todos mis enigmas / mis secretos / me devuelve unas fotos en blanco y negro / Con imágenes que reconozco de inmediato / La casa de la infancia con sus viejos / La rebeldía de las noches en una ciudad casi perdida…" Con un tono reconciliador, la voz poética recuerda con nostalgia el hogar y la fragmentación de un presente ajeno, "casi en el borde del horror", un presente "tan relativo como las condiciones / Climatológicas de algunos países / Con temperaturas cambiantes / Y en ocasionales estado de Guerra". La hablante lírica se resiste al olvido y el proceso de creación poética sustituye el discurso desarraigado por un testimonio en donde yace la memoria latente.

Las últimas estrofas de *Poemas del desastre*, refieren a la soledad y al proceso de creación poética. La búsqueda del amor es una constante como sub-texto, y el dolor domina casi la mayoría de las imágenes de los versos. Algunos de estos, expresan la casi "imposibilidad" de la poesía misma: "Anoche soñé que /luchaba con / las palabras de un poema / Ellas vencían y / colgando / de la pared / exhibían / E spec ta cu lar men te / su imposibilidad" (Poema XXVII).

Para finalizar, la poesía de Zulema Moret define el dolor, la nostalgia, la ausencia. Las palabras exiliadas y sus múltiples imágenes sorprenden, atrapan, testimonian y entregan al receptor la realidad de un pasado nostálgico y un presente caótico. En ese intersticio entre indagación y búsqueda, tanto la voz poética como el receptor, descubren en los versos de *Poemas del desastre* una correlación reflexiva la cual indaga en las perplejidades de la vida, buscando así, rescatar la constante ausencia que han causado las secuelas del exilio.

Por Edith Dimo
California State University Northridge

Apenas épica: Poemas de Zulema Moret

Por Eugenia Toledo Renner

El deseo de crear y recrear a través de la palabra es un ritual. El ritual del hacer y de luchar contra el olvido. Para crear nuevos mundos hay que estudiar el pasado, mirar el patrimonio (personal y comunal) y desde allí ir construyendo el cuerpo, o sea, el corpus de una nueva literatura para que entregue sentido o dé testimonio de la realidad actual.

Expresar la realidad, dar testimonio o ser testigo es sin duda trabajo duro en poesía. Ser testigo es un acto de mirar de cierta manera. ¿Por qué la mirada? Porque mirar ayuda al poeta a enfocar, aunque sea por un instante, el objeto o sujeto de estudio, valorizarlo, darle vida y resistirse a su olvido. De esta manera el poeta se acerca a la historia que comunica y permanece en ella. Esto significa también que ha logrado acortar la distancia entre la experiencia o el evento y la imposibilidad de expresión. Incluso cuando el evento se refiere a la vida personal del autor o es acerca de otra persona en particular, adquiere en los ojos del lector una magnitud épica, una épica grandeza. En relación a esto y frente a la serie de poemas escritos por la poeta Zulema Moret cito aquí sus propias palabras iniciales cuando expresa que estos poemas han sido publicados en antologías y revistas con la intención de reunir lo disperso. Y agrega: "La serie en sí constituye una épica del sujeto, de allí la denominación de *Apenas épica*, apenas vida, apenas acontecimiento, batalla, hechura, hazaña, ceguera y a veces, deslumbramiento.

Esta expresión o fuerza directiva es la que se encuentra en esta serie poética de Zulema Moret. Es una aguda perspectiva femenina. Son centrales a su trabajo temas tan extensos como la infancia, la identidad, los exilios, lo filosófico y las preocupaciones lingüísticas. Y me gusta mucho esta noción de poesía. Cito uno de sus poemas para clarificar el postulado. No tiene título, sólo dice ser el número 32, pero viene de su texto *Los cuerpos en caída* (USA, 2008-2009):

hay un mirar que ve lo que el pliegue del día
oculta
un mirar avieso, torcido
de animal en celo
de exilio
de nómade figura contra el viento del desierto
ese ojo / esa mirada
teje instantes fugaces, movimientos de aparente
equilibrio / con ese ojo
te miro.

Zulema Moret poetiza una iconografía de quehaceres que van de lo doméstico a lo profesional y profundo de mujer contemporánea. Es artista, crítica, académica, hija, amiga, viajera y tallerista pionera. Tiene para contarnos una cantidad múltiple de experiencias, de identidades y roles. Desde ellos surgen los campos semánticos de su poesía y las voces literarias que a veces nombran realidades con referentes históricos específicos como el caso de la metonimia que aparece en más de alguno de sus poemas: "el país en Guerra".

Zulema ha tenido un largo peregrinaje por Estados Unidos, Venezuela, España, Argentina, su tierra natal, y otros territorios que han nutrido sus poemas y enfoques literarios. Escribe una poesía y narrativa que demuestran complejidad y densidad en su estilo. Es una poesía en movimiento "hacia" y en torno al enigma y la búsqueda, condensados desde el lenguaje. Encuentro una filosofía en su obra y un deseo de "ordenar la tormenta". Una amalgama de poemas que tienen como común denominador la indagación constante recorriendo muchos territorios o múltiples campos sobre el mundo y el propio discurso poético.

Detecto que en ella que el lenguaje es limitado y de una necesidad indudable para la comunicación: Las palabras no alcanzan a cubrir las necesidades trascendentes de la poeta. De ahí se percibe en sus poemas la frustración del querer decir y no poder. Se percata entonces de que vivimos "sin" (como cuando se leen versos que hablan del "sin miedo", "sin dolor", "sin esperanza", "sin estanque ni lago ni mancha", "sin exagerar", "sin ti" o simplemente "sin"). El tema del "sin" es la ausencia, el vacío, lo inasible. A propósito de esto se hace interesante indicar este poema corto:

> Anoche soñé que
> luchaba con
> las palabras de un poema
> ellas vencían y
> colgando
> de la pared
> exhibían
> es pec ta cu lar men te
> su imposibilidad. (XXVII)

Hay poemas que parecen juegos irónicos de lenguaje en Moret, porque van creando imágenes semánticas de un sujeto determinado. Poéticamente este recurso trae recuerdos de Vicente Huidobro o de la poesía experimental. Zulema teje sus palabras, punto tras punto. Exhibe poemas o partes de poemas calculadamente lacónicos que contienen una fuerte intención, la cual no tiene que ver con la extensión, porque son versos tan fuertes como los poemas narrativos que escribe. El mejor ejemplo es "Abecedario fluvial". Cito algunos términos de este poema increíblemente asertivo: Afluente, brazo, cauce, delta, Ebro, fluir, Ganges, hoya, isla, Jiulon, Karnali, lecho, nacimiento, Orinoco, poza, Qiantang, Rin, Sena, etc. (Cuestión de mapas, 2013) También otro ejemplo es el "Poema X" de *Apenas épica*.

Así como el mundo es duro así también la vida y el amor. La poeta se empeña en la búsqueda de lo inasible. Su yo poético y biográfico hacen un gran esfuerzo por comunicarse. La condición histórica tanto de su país como del país donde reside han incidido sin duda en su arte. El momento epocal dentro del contexto histórico de la poesía de Zulema Moret no dejan de influenciarla y cuestionarla. En *Apenas épica* (1990-2000) se pregunta qué tienen que ver las oscuridades que la rodean "si vengo de otro país / y siempre estoy del otro lado / ahora donde el norte pisotea el sur / firma nuevos tratados / y los esclavos se multiplican" (VIII). En *Poemas del desastre,* se pregunta, pero ya ha tomado una decisión ante el problema: "Me repito / fortaleceré los brazos / en ejercicios cotidianos / en este país en Guerra / Me preparo para otras batallas "(IV) y de nuevo reafirma: "Fortaleceré los brazos / en los gimnasios perfectos / de este país en Guerra / ... / en el único lugar seguro que conozco / donde ni bombas ni tumores / invadan los cuerpos." (VII)

Con este espíritu lo enfrenta todo, el espíritu de la batalla. Su estilo, como digo, es resultado de la personalidad histórica y de sus problemas particulares. Moret dialoga sus temas. Lo hace con la tradición bíblica y las circunstancias sociales que la envuelven. La mirada al pasado que se observa en una buena cantidad de versos en esta serie constituye una cierta vía de restitución o una herramienta que teje para protegerse de la nostalgia y los males o ataques del mundo. Como prueba están los poemas de *Ceguera y temblor* (2007).

Sus poemas de la infancia son puentes mirando o "cayendo" hacia atrás para encontrar al padre, a la madre, la casa y los detalles de esa etapa de su vida. Esto es lo mismo se observa en los poemas de tradición bíblica judaica, porque en los textos de *Conversión* parte magnífica de esta serie, poemario en sí mismo, trata sobre la búsqueda de un humanismo o de un sentido (la divinidad) en medio del secaral del desierto. Es decir, hay una postulación filosófica aquí, pero también en algunos poemas es social e ideológica. La pregunta está abierta y se plantea, teóricamente, en "Encuesta" (Poema XXIII) con los tópicos seculares sobre la relación Hombre-Divinidad, otros temas:

¿Cuántas veces reza usted:
En el mes/ por día / en la semana?
¿Cuántas bombas autoriza usted arrojar:
Para preservar su fe / para proteger a su país/por su propio bien/ por lo que le hicieron creer que es su propio bien?
¿Cómo incide su fe: en la política de su país
en la arbitrariedad de ciertas decisiones?

Sin duda esta importante encuesta poética denuncia la hipercontaminación de la iglesia en la tierra. Si todo posee su significado particular en el universo y participa en la unidad de lo sagrado de lo vivo, la poeta también sabe que la abstracción se pierde cuando empieza a tomar otras formas y asentarse en la sociedad y la encuesta sólo constata la quebradura de lo espiritual.

Su cuestionamiento es fuerte. En estos poemas la poeta está en medio de sus batallas. La relación de su cosmovisión cristiana (reconocimiento de la divinidad) es clara y abarca a los otros, a los compañeros en la lucha. Cito el poema "Los huesos secos", porque incluye elementos poéticos medievales como la danza macabra con resabios de tiempos de pestes, aunque aquí en Moret son los tiempos de "cruzar la frontera" los que matan:

> Mira el valle hermano
> los huesos secos de la muerte
> bailan
> su danza macabra
> blanca la tierra
> seca
> montañas de huesos
> brincan por el dolor de los días
> dónde Dios pregunta
> dónde
> más allá
> cuerpos anónimos
> caen
> cruzan la frontera
> entre arbustos y animales ponzoñosos
> blanca la tierra
> pronto huesos secos serán
> mira el valle hermanito
> los huesos brillan en la noche
> sin esperanza.
> Sólo Dios.

Otros poemas que incluyen batallas y desastres son el excelente poema del libro *La mujer de piedra* (2012) llamado "Terremotos" junto a otros que lo acompañan como "Inundaciones", "Escombros", "Golpes", "Siguen las ruinas", etc. Se mezclan los tiempos también en esta serie, pues afloran aquí de nuevo la infancia, la casa familiar, las costumbres de antaño hasta "el último encuentro" con la madre. La primera vez que aparece la infancia es en *Apenas épica* con poemas llamados "Infancia" (1-50). El tema de la infancia es la mirada inicial, la mirada primera como se nos explica en "Una infancia anterior a la palabra" (Primer Tiempo)

> (...) "Apelo a eso llamado ilusión / Una palabra perdida en la infancia de los días / Cuando todavía latían las imágenes de relatos ficcionales / Servían para cubrir ese vacío que nos devolvía a la angustia..."

Esta angustia presencia eminentemente femenina es una búsqueda, como se ha dicho, metafísico-religiosa que entre otros postulados va detrás de aquellas mujeres que en otros tiempos también la experimentaron y buscaron como las anacoretas del desierto, por ejemplo. Y las grandes poetas y pensadoras como Teresa de Avila, Caterina de Siena, Sor Juan Inés de la Cruz, Teresa de Calcuta, Dorothy Day y otras modernas (del poema "Otro Amor / Amor Otro").

Sigo ahora con las palabras del "Tercer Tiempo":

> (...) "No sabía que ellas / una vez / en ese lugar árido y silencioso / elevaron sus plegarias, penitentes, calladas / Te dije: Sólo quisiera visitar el desierto / poder escuchar su Sonora presencia / el viento arenoso salpicando la piel / ¿Despertarán nuestras pisadas a esas / calladas mujeres del pasado tan remoto / que son casi mito / casi cuento / casi opacada palabra? / ¿Las invocaremos? ¿Vendrán?"

Esta búsqueda metafísico-religiosa se relaciona con el surrealismo de alguna manera y con los simbolistas por aquellas características como el conocimiento por la vía nocturna y el desierto, las huellas de los que fueron adelante, el hablar con el búho (cito poema "Encuentro con el búho"), lectura del libro del mundo ("Poema 13"), el misterio y el deseo de la trascendencia y la comunión:

Banquetearle al silencio

Mudez la de los cuerpos
En caída
Kyrie kyrie kyrie
Y lloramos en rincones separados
La distancia
La imposibilidad del banquete
Compartido.

Pareciera que a medida que nos adentramos en los poemas de la serie de Zulema Moret el lector presencia un espacio interior. Se hace curioso leer hoy en día esta poesía cuando reina la ciencia, la técnica y la razón. Se hace curioso constatar cómo lo inexplicable se resuelve en emociones, sensaciones, deseos y sentimientos sin perder jamás la perspectiva de la Historia. Y por sobre todo ello está la pregunta sobre el futuro que se desvela incierto. Se han recorrido sus vacíos, se han desandado las etapas del mundo, "la Historia huele mal" como a inquisición, a condena. Punto por punto se ha repasado la soledad del alimento y se ha golpeado en las puertas, tejiendo lugares y momentos en la textura de los versos, pero la puerta está cerrada, los días ciegos. Curiosamente me recuerda lo que una vez dijo Olga Orozco en una entrevista hecha en Salamanca sobre su poesía: "de todas las definiciones de la poesía que he buscado en mi vida me quedo con una: es la tentativa de apremiar a Dios para que hable".

Para terminar este acercamiento interpretativo de la serie de Zulema Moret encuentro un poema muy interesante que usa la metáfora del viaje en tren. Cuenta lo que podría ser un viaje cotidiano y sin embargo lo que hace es aumentar la indeterminación de las cosas. Algo ha cambiado, hemos viajado con la autora a través de su poesía, el tiempo ha corrido, notamos cambios, madurez, fuerza. Hemos llegado a alguna parte y nos hemos bajado del tren con la poeta, olvidado nuestros enseres, dejado cosas atrás, y sin embargo, no estamos seguros de qué, cuándo y cómo. No se indica lugar o destino final. ¿Es acaso un viaje múltiple a través de la vida, el tiempo, el infinito? ¿Estamos en una prisión o bajo una represión? Leamos "El andén en la niebla" para sacar las conclusiones que sugiere:

Me ordenan que me baje

que es solo un momento
necesitan revisar el compartimento
en el que viajo
los perros lo huelen todo, revisan
con linternas recorren los rincones
ojos al acecho
me bajo del vagón del tren
el andén está desierto, tiemblo
he olvidado la cartera adentro
déjela dijeron debemos revisarla
desde el andén se perfila la
sombra de la neblina en la noche
se filtran los rayos del farol
buscan abrirse paso entre la
trémula hierba
no logro leer el nombre de la estación
el tren parte
me quedo inmóvil sin cartera,
ni documentos, sola
en el andén,
mientras el tren parte con las
puertas cerradas
ni modo, me digo
ni modo
el reloj de la estación
está detenido sin agujas
que marquen la hora.

Genial. La obra de Zulema es de gran valor. He resaltado algunos poemas de mucha riqueza expresiva que me han ayudado a probar mis puntos de vista. Se detecta en su obra una lucidez descarnada y profunda, una filtración de ideas que es poderosa. La poesía de Zulema Moret se alinea junto a las mujeres argentinas escritoras, innovadoras y actuales, de este siglo XXI. Gracias por la oportunidad que se me ha dado de leerla.

Por Eugenia Toledo Renner, Ph.D.
Seattle, USA / Temuco, Chile, 2014

OBRA PUBLICADA

LIBROS DE POESÍA

Cuaderno de viaje solitario, Maracaibo: Edit. Inter-textos, 1985.
Cazadora de sueños. Madrid: Edit. Torremozas, 2003.
Un ángel sobre un volcán ardiendo. Buenos Aires- Bahía Blanca: Ed. Vox, 2007.
Apenas épica. Monterrey, Nuevo León. México. Ediciones La Caletita, Colección Las Vaquitas Flacas, Nro. 2- 2012: 48 pág.
Lo gris. Bahía Blanca, Buenos Aires, Argentina: Ediciones Vox, 2012.
Poemas del desastre. Madrid: Edit. Torremozas, 2014.

EN REVISTAS, ANTOLOGÍAS, CD'S

"Poemas del desastre" (Selección, en Inglés, Italiano, Trad. por Margarethe Ute Saine) en Private Photo Review, (2010). http://www.privatephotoreview.com/webside/
"Cámara lenta" *Alba de América*, Vol. 27 (2007).
Calmens, Claudio, compositor argentino: "Un ángel al borde del volcán" Contemporary Music, CD, Bahía Blanca, Argentina, 2009.
"En el nombre del padre" en *Revista Malabia*, Número 19, Noviembre 2005.
Poems "I", "IV" y "XII" en *Ellipse, Canadian Writing in Translation* (Canada) Nro. 73: "Argentina-Canadá", Hugh Hazelton (ed.) (2004)

"La cazadora de sueños", "De la noche", "De la seducción y sus momentos: 1, 2 y 3", "Sólo algunas veces" *Vox,* 6/7 (1998), Bahía Blanca (Argentina).

"Recorrido sobre los cuerpos engalanados" *Texturas,* 7 (1997), Vitoria.

"Entre paréntesis" *Feminaria* X, 20 (octubre 1997), Buenos Aires.

"La cazadora de sueños", *Alabastro,* segunda época, (otoño 1996), Madrid.

"La cazadora de sueños" *Sírvase usted mismo,* 1-12 (1996) Vitoria: Gala Naneres Eds.

"Poemas", *Alabastro* 25 (enero/abril, 1994) (Madrid, Mesa Catorce).

"31 en Estocolmo" *Argentina Cultural,* Publicación Consulado Argentino, diciembre 1994: 5, Barcelona.

"Los viejos", *Alabastro* 10 (abril, 1993) (Madrid, Mesa Catorce).

"Poética", "A la hora del lobo" *Prométhée* (1992) (París, ILDALC).

"Amor Otro/Otro Amor" en *Cantologia I: Amor* (Volume I) (Anthology) Peter Ramos (ed.), 2013: Pandora/loboestepario Press, Guild Complex/ Palabra Pura, ISBN 1940856000, 62 pages.

"Epístola" en *Alicia Kozameh: ética y estética y las acrobacias de la palabra escrita.* Ao.Univ. Prof. Mag. Dr. Erna Pfeiffer (editor) Institut fuer Romanistik , Karl-Franzens-Universität Graz, Austria, 2012.

"Epístola IV" en *Laberinto Magazine.* Luis Fonseca (ed.) Vol. 1, pdf, Grand Rapids, 2012.

"Razón poética", *Poemas del desastre* (Poemas I, II, III, V, VI, VII, VIII, XII, XV), *Lo gris* (Poemas 1-2-3-11) *Los cuerpos en caída* (Poemas 1-4-9-14-16-22-24-25) en *Que no cesen los rumores, [Antología Poética]* Rei Berroa (ed.) Col. Teatro de la Luna, Santo Domingo, República Dominicana, 2010: pp.163-188.

"Plagado/Plegado" y "Fotos del último naufragio" en *Crisis in Buenos Aires: Women Bearing Witness,* Cynthia Schmidt-Cruz (ed.)

Juan de la Cuesta –Hispanic Monographs- (2007).

"Musil", "H", "Es cuestión de Dios", "IV", "Amanecer o inicio del día" en *Retrato de poeta con sombrero*, Barcelona: Talleres de Escritura de Barcelona y Save-as (1998).

"¿Por qué?", "Anónimo veneciano" en *Hueco de letra*, Barcelona: Abecedaria (1996).

"Entre paréntesis", "Proposiciones", "Promesa", "X", "II", "Epístola I", "Epístola II", "Epístola 4" en: *Entre paréntesis*, Barcelona: Abecedaria (1995).

"Como ya lo sabía muy bien Meret Oppenheim, esa otra transgresora. *Dont cry, work*! era su lema, y Moret lo sigue a raja-tabla. Cuántos poemas en estos años, cuántas mudanzas, cuántos puertos, cuántas lenguas. Ni la imagen de la artista frágil ni la figura del cuarto propio condice con la nómade. Y sin embargo Moret le opone al vagabundeo del cuerpo, la solidez del lenguaje, el rigor de una estética, y el trabajo, trabajo, trabajo, para pulir el diamante que le ofrecen las horas, los días, los años (…)"

Esther Andradi, periodista, escritora.
Berlín, febrero 2014.

"*Un ángel al borde del volcán ardiendo* resulta un inventario de ciertos despojos, de ciertas desposesiones, pero es también lúcida y elocuentemente un viaje que transita desde la penumbra hacia la luz, el modo de la conciencia. Sin retorno, igualmente, proyectada hacia ámbitos que emergen bajo el foco de la Mirada, de la memoria (y se escribe exilio, se escribe grieta, se escribe olvido); sostenidos los gestos por las palabras que los rescatan, que los interrogan y los devuelven recargados de sentidos".

Dr. María Jesús Fariña. Poeta.
Universidad de Vigo, España.

"La poesía de Zulema Moret define el dolor, la nostalgia, la ausencia. Las palabras exiliadas y sus múltiples imágenes sorprenden, atrapan, testimonian y entregan al receptor la realidad de un pasado nostálgico y un presente caótico. En ese intersticio entre indagación y búsqueda, tanto la voz poética como el receptor, descubren en los versos de *Poemas del desastre* una correlación reflexiva la cual indaga en las perplejidades de la vida, buscando así, rescatar la constante ausencia que han causado las secuelas del exilio".

Dr. Edith Dimo
California State University Northridge.

"Se detecta en su obra una lucidez descarnada y profunda, una filtración de ideas que es poderosa. La poesía de Zulema Moret se alinea junto a las mujeres argentinas escritoras, innovadoras y actuales, de este siglo XXI. Gracias por la oportunidad que se me ha dado de leerla."

Dr. Eugenia Toledo Renner, Poeta
Seattle, USA / Temuco, Chile, 2014

Biografía

Zulema Moret

Nace en Buenos Aires. Estudia Letras en la Universidad de Buenos Aires y es Doctora en Filología Hispánica por la Universidad del País Vasco. Ha residido en Venezuela, Alemania y España. En Barcelona fundó y dirigió los Talleres de Escritura «El placer de escribir» (1986-2000) En la actualidad es profesora de Literatura Latinoamericana en Grand Valley State University, Michigan, USA.

Publica numerosas antologías de cuento, poesía y libros/objeto: *Fábula rasa, Agenda 1992, Agenda 1995, Agenda 1997, Agenda 2000, Almario de palabras, Circunstancias, Entre paréntesis...* Desarrolla una importante labor crítica sobre la producción literaria de autoras latinoamericanas. Coordina talleres de escritura en diversos ámbitos y países. Ha leído su obra en conferencias y festivales de poesía a nivel nacional, internacional, numerosos poemas y cuentos han sido incluidos en revistas de distintos países (Vox, Promethée, Texturas, Feminaria, etc.) y en antologías.

Tiene publicados los siguientes libros:

Para niños*: Cuento con deseo* (Ed. Juventud), *Maca se llama mi gata* (4 vols., Ed. Juventud) *y El juego del laberinto de palabras* (Ed. Labor).

Poesía*: Cuaderno de viaje solitario* (Ed. Intertexto, Venezuela*), Cazadora de sueños* (Ed. Torremozas) *Un ángel al borde del volcán ardiendo* (Ed. Vox*), Apenas épica (*Edic. de la Calera) *Lo gris* (Ed. Vox); *Poemas del desastre* (Ed. Torremozas).

Narrativa: *Noche de rumba* (Ed. Torremozas).

Ensayo: *Esas niñas cuando crecen, ¿dónde van a parar?* (Ed. Rodopi), *Las escrituras de Escombros: Artistas de lo que queda* (Ed. Trama).

Zulema Moret

www.ingramcontent.com/pod-product-compliance
Lightning Source LLC
Chambersburg PA
CBHW021219090426
42740CB00006B/295